Bertolt Brecht
Mutter Courage und ihre Kinder
Eine Chronik aus dem Dreißigjährigen Krieg

Von

Peter Langemeyer

Philipp Reclam jun. Stuttgart

Die Seiten- und Zeilenangaben in den Wort- und Sacherklärungen beziehen sich auf die Ausgaben: Bertolt Brecht, *Mutter Courage und ihre Kinder. Eine Chronik aus dem Dreißigjährigen Krieg*, Frankfurt a. M.: Suhrkamp, [5]1965 [u. ö.] (edition suhrkamp, 49) bzw. – in Klammern – Bertolt Brecht, *Stücke 6*, bearbeitet von Klaus-Detlef Müller, Berlin/Weimar: Aufbau-Verlag / Frankfurt a. M.: Suhrkamp, 1989 (Band 6 der *Werke. Große kommentierte Berliner und Frankfurter Ausgabe*, hrsg. von Werner Hecht, Jan Knopf, Werner Mittenzwei, Klaus-Detlef Müller; im vorliegenden Band zitiert als: GBA). Zu den Druckvorlagen dieser Ausgaben vgl. S. 102 des vorliegenden Bandes. Wenn nicht anders vermerkt, wird die Urfassung des Stücks (vgl. Kap. IV,1) nach dem im Bertolt-Brecht-Archiv aufbewahrten Typoskript mit den handschriftlichen Korrekturen zitiert (BBA 490).

Universal-Bibliothek Nr. 16035

Gesamtherstellung: Reclam, Ditzingen. Printed in Germany 2003

ISBN 3-15-016035-9

www.reclam.de

Inhalt

I. Wort- und Sacherklärungen

Der folgende Stellenkommentar enthält sprach- und sachbezogene Erläuterungen, weist Zitate, Anspielungen und Reminiszenzen nach und gibt Querverweise auf Parallelstellen in anderen Texten Brechts. Darüber hinaus bietet er Varianten, die teils der Dokumentation der Textgeschichte dienen, teils zur Analyse und Interpretation einzelner Passagen beitragen können (vgl. auch Kap. IV des vorliegenden Bandes).

Die Zeilenzählung bei der Taschenbuchausgabe erfolgt unter Auslassung der Leerzeilen. Die Ziffern in Klammern beziehen sich auf die Seiten bzw. Zeilen in Band 6 der *Großen kommentierten Berliner und Frankfurter Ausgabe* (Berlin/Weimar: Aufbau-Verlag / Frankfurt a. M.: Suhrkamp, 1989; zitiert als: GBA). Unterschiede zwischen dem Text dieser Ausgabe und dem der Taschenbuchausgabe in der ›edition suhrkamp‹ werden insoweit berücksichtigt, als sie das kommentierte Lemma betreffen, darüber hinaus aber nur in signifikanten Ausnahmefällen.

Die Szenentitel (in runden Klammern) sind aus dem »Titularium« – wie Brecht die vorangestellten Inhaltsangaben nannte (*Journal*, 18. Dezember 1940; GBA 26,450) – und den Regieanweisungen zum Schauplatz zusammengezogen.

Ziffern, die ohne nähere Angaben Werktiteln folgen, bezeichnen das Jahr des Erstdrucks (womit im Fall von *Mutter Courage und ihre Kinder* die deutschsprachige Erstveröffentlichung im Suhrkamp Verlag in H. 9 der *Versuche*, Berlin / Frankfurt a. M. 1949, gemeint ist).

Brechts Werke und Briefe werden in der Regel nach der GBA (30 Bände, 1988–98; Registerband, 2000) unter Angabe von Band- und Seitenzahl zitiert. Die Kommentare dieser Ausgabe wurden dankbar zu Rate gezogen.

Unter der Sigle BBA (mit nachfolgender Angabe von

Mappen- und Blattnummer) werden die im Bertolt-Brecht-Archiv in Berlin aufbewahrten Manuskripte und Materialien zitiert.
Unveröffentlichte Texte des Autors aus dem Bertolt-Brecht-Archiv werden in der Orthographie des Originals wiedergegeben. Daraus erklären sich auch die Unterschiede in der Groß- und Kleinschreibung.
Abgekürzt zitierte Hinweise auf die Forschungsliteratur lassen sich über das Literaturverzeichnis vervollständigen (Kap. VIII des vorliegenden Bandes).

Titel (Vorder- und Rückseite)

3,2 (7,1) *Mutter Courage:* zur Namensgebung vgl. Anm. zu 9,24 f.

3,3 (7,2) *Chronik:* (griech.-lat.) Bericht über historische Ereignisse in der Reihenfolge ihres Geschehens, ohne Rücksicht auf die inneren Zusammenhänge, besonders im deutschen Mittelalter sowie im 16. und 17. Jh. gebräuchlich. Brecht erläuterte später: »die Bezeichnung Chronik entspricht gattungsmäßig etwa der Bezeichnung *History* in der elisabethanischen Dramatik.« Sie soll keine »Ausstellung nackter Tatsachen« sein. »Nötig ist freilich, daß Chroniken Tatsächliches enthalten, d. h. realistisch sind« (Friedrich Wolf / Bertolt Brecht, »Formprobleme des Theaters aus neuem Inhalt. Ein Zwiegespräch«, 1949; GBA 23,109–113, hier S. 109). Während die überlieferten Chroniken und Historien die Geschichte aus der Sicht der Herrschenden – der »Großkopfigen« (36,12 [31,36]) – schildern, stellt Brecht sie aus der Sicht des einfachen Volkes dar, vgl. dazu Mutter Courages Bemerkung über den ›historischen Augenblick‹ (74,2–5 [60,38–61,2]). Bereits das Stück *Leben des Galilei* (1. Fassung, entst. 1938/39) hatte den Charakter einer Chronik, ohne im Untertitel aber als solche bezeichnet zu werden.

4,1 *Geschrieben 1938/39:* Zur Entstehungsgeschichte vgl. Kap. III des vorliegenden Bandes.

4,2 *Mitarbeiterin*: *Margarete Steffin:* Die Schauspielerin und Übersetzerin Margarete Steffin (1908–1941) war lediglich in der Anfangsphase beteiligt (vgl. den Brief vom 27. Mai 1940 an Erwin Piscator; GBA 29,173). Über ihren genauen Anteil an der Entstehung des Stücks ist jedoch nur wenig bekannt. Die 1. Niederschrift weist Korrekturen von ihrer Hand auf. Außerdem war sie mit Quellenstudien und der Abschrift des Manuskripts auf Wachsmatrize betraut (vgl. S. 81 und 88 des vorliegenden Bandes).

4,3 *Musik*: *Paul Dessau:* Der Komponist Paul Dessau (d. i. Peter Sturm, 1894–1979) schuf die Bühnenmusik 1946 im amerikanischen Exil. Er überarbeitete sie 1948 für die Berliner Inszenierung. Mit dem Theaterverlag Kurt Reiss wurde vertraglich vereinbart, dass Dessaus Musik für alle weiteren Aufführungen obligatorisch sein solle (vgl. BBA 1800/1). – Ende der fünfziger Jahre schrieb auch der französische Komponist Darius Milhaud (1892–1974) eine Musik. Sie wurde erstmals 1997 in einer Aufführung des Stücks in New York öffentlich gespielt. – Sowohl in der Ausgabe der *Versuche* (H. 9, 1949. S. 5) als auch in der GBA fehlt der Eintrag. Stattdessen heißt es im Erstdruck: »›Mutter Courage und ihre Kinder‹, geschrieben in Skandinavien vor dem Ausbruch des zweiten Weltkrieges, ist der 20. Versuch.« In der 2. Auflage von 1950 ist ergänzt: »Eine Musik hierzu komponierte Paul Dessau« (S. 5). Auf der Rückseite des Titels steht der Hinweis: »Redaktion: Elisabeth Hauptmann« (S. 4). Die GBA folgt den Angaben dieser Ausgabe. Margarete Steffin wird nicht mehr erwähnt.

Personen

6,1–10 (8,8–17) *Personen:* Eigennamen und Bezeichnungen für militärische Ränge werden bei der Ersterwähnung im Text erläutert. In der Textgrundlage der GBA (*Versuche*, H. 9, 1950) fehlt das Personenverzeichnis. Es wurde aus der Ausgabe der *Stücke* (1957) übernommen.

1 (Dalarne, Frühjahr 1624: Landstraße)

7,2–5 (9,2–5) [Szenentitel] Die einführenden Textpassagen, die Brecht in der Berliner Aufführung auf eine »halbhohe, leichte Leinengardine« projizieren ließ (*Couragemodell 1949*, 1958; GBA 25,169–398, hier S. 178), haben einerseits die Funktion, den Zuschauer (oder Leser) mehr oder weniger eingehend über den Inhalt der folgenden Handlung zu orientieren. Andererseits sollen sie den »Fluß« der dargestellten »Geschehnisse« unterbrechen, die »Fabel« in Teile zerlegen, damit der Zuschauer »mit dem Urteil dazwischenkommen« kann, wie Brecht ihren Zweck in seiner Abhandlung *Kleines Organon für das Theater* (1949, Abschnitt 67; GBA 23,92) erläutert. Sie dienen als ein Mittel der ›Verfremdung‹, das die ›Einfühlung‹ des Zuschauers in die dargestellte Handlung verhindern und seine Aufmerksamkeit vom ›Was‹ auf das ›Wie‹ der Darstellung richten soll. Im *Journal* heißt es erläuternd zu den Szenentiteln: »Bei dem Aufstellen des ›Tituláriums‹ zur ›Courage‹ wird alles Psychologische völlig vernachlässigt, sogar der Plot wird kaum berücksichtigt (die Niobehandlung[1]). Ganz zu schweigen vom Zeitkolorit.« (18. Dezember 1940; GBA 26,450)

1 Niobe: Gestalt des griechischen Mythos, Königin von Theben. Die Mutter von sieben Söhnen und sieben Töchtern (auch andere Zahlen sind überliefert) verspottete die Göttin Leto, weil sie nur zwei Kinder hatte. Für ihren Hochmut wurde sie mit dem Tod ihrer Kinder bestraft. Brecht wandte sich später gegen die Deutung des Stücks als »Niobetragödie« (vgl. S. 86).

7,2 (9,2) *Feldhauptmann:* vom Kriegsherrn bestallter Truppenführer im Landsknechtsheer, der die oberste Befehlsgewalt über die Söldner innehat. Er ist nicht mit dem Hauptmann zu verwechseln, dem Führer eines Fähnleins (vgl. Anm. zu 8,28).

7,2 (9,2) *Oxenstjerna:* Axel Gustafsson Oxenstierna (1583–1654, seit 1645 Graf O. von Södermöre), schwedischer Staatsmann, seit 1612 Reichskanzler. Er beteiligte sich seit 1621 an den Feldzügen gegen Polen in Livland. Nach dem Tod Gustav Adolfs (vgl. Anm. zu 18,20) bestimmte er die schwedische Politik in Deutschland.

7,3 (9,3) *Dalarne:* (schwed. Dalarna; dt. auch Dalekarlien) historische Landschaft in Mittelschweden. Sie hatte in der schwedischen Geschichte wiederholt große Bedeutung. Von Dalarne gingen im 15. und 16. Jh. Befreiungsbewegungen gegen die dänische Fremdherrschaft aus, die schließlich zur Auflösung der Union mit Dänemark und zur Wiedereinrichtung einer unabhängigen, nationalen Monarchie führten. Die reichen Kupfer- und Eisenerzvorkommen der Region (mit Falun als Mittelpunkt) trugen erheblich dazu bei, dass Schweden im 17. Jh. zur europäischen Großmacht aufsteigen konnte.

7,3 (9,3) *Feldzug in Polen:* Im Sommer 1621 hatte Gustav Adolf (vgl. Anm. zu 18,20) den Krieg um Livland (vgl. Anm. zu 40,26–28) wieder aufgenommen. Es gelang ihm, im Herbst Riga zu besetzen (vgl. Anm. zu 9,28). Zwischen 1622 und 1624 wurde ein Waffenstillstand mit Polen vereinbart, den die Schweden zur Reorganisierung ihrer Armee nutzten. 1625 setzte Gustav Adolf dann den Krieg fort. Vgl. Kap. II,1a.

7,4 (9,3 f.) *Marketenderin:* Händlerin, die die Truppe bei Manövern und im Krieg begleitet. Die Marketender(innen), die es schon im Altertum und im Mittelalter gab, unterstanden im Dreißigjährigen Krieg der Disziplinargewalt des Truppenbefehlshabers und wurden teilweise besoldet. In der Figur der Leokadja Begbick hatte Brecht schon in den Stücken *Mann ist Mann* (1927; GBA 2,93–168) und *Aufstieg und Fall der Stadt Mahagonny* (1929; GBA 2,333–392) eine Marketenderin dargestellt.

7,4 (9,4) *Fierling:* sprechender Name: Die »Familie« (11,31 [12,37]) besteht aus vier Personen.

7,7 (9,7) *Feldwebel:* die in den Landsknechts- und Söldnerheeren des 16. und 17. Jh.s nach dem Hauptmann (vgl. Anm. zu 8,28) wichtigste Person in einem Fähnlein (vgl. Anm. zu 7,11). Der Feldwebel wurde vom Oberst (vgl. Anm. zu 13,5) oder vom Hauptmann eingesetzt.

7,11 (9,12) *Fähnlein:* in den Söldnerheeren des 16. und 17. Jh.s kleinster fahnenführender Truppenteil, um 1600 beim Fußvolk etwa 300–400, bei der Reiterei 100–150 Mann stark. Sein Führer war der Hauptmann (vgl. Anm. zu 8,28). Mehrere Fähnlein bildeten ein Regiment (vgl. Anm. zu 9,20).

7,15 (9,16) *Hühnerbrust:* (umgangsspr.) beim Menschen: Brustkorb mit vorstehendem Brustbein.

7,19 f. (9,20) *kein Treu und Glauben:* biblische Ausdrucksweise, vgl. z. B. die Klage in Jes. 33,8: »Man hält nicht Treu und Glauben, man verwirft die Zeugen und achtet der Leute nicht.«

7,23–25 (9,24 f.) *Frieden, das ist nur Schlamperei, erst der Krieg schafft Ordnung:* vgl. das 1940 entstandene 1. Kapitel aus den *Flüchtlingsgesprächen* (GBA 18,197–203, hier S. 200–203).

7,27 (9,28) *Ranken:* süddt. für *Runken*, unförmiges, dickes Stück, Brocken (von lat. *runcus* ›Brotranft‹).

8,4 (9,34) *Registraturen:* Aufbewahrungsstellen für Akten.

8,10 f. (10,1) *floriert:* blüht, gedeiht; hier übertragen gebraucht.

8,20 (10,10) *Maultrommel:* mit dem Mund gehaltenes, kleines Zupfinstrument aus Metall, auch ›Brummeisen‹ genannt. Es ist in Europa seit dem 14. Jh. nachweisbar.

8,28–9,18 (10,18–11,3) *Ihr Hauptleut, laßt ... auf die Socken nun:* entstanden 1939, im Erstdruck unter dem Titel »Mutter Courages Lied« (*7 Lieder*, 1948; GBA 14,449f.). Die 3. Strophe wird in der 7. Szene (75,14–17 [61,21–24] und 75,21–76,2 [61,27–34], ohne Refrain), die 4. in der 8. Szene gesungen (89,25–32 [72,6–13], ohne Refrain). Mit der 5. Strophe in der 12. Szene klingt das Stück aus (107,32–108,10 [85,37–86,9]). Die Verse wurden unter Verwendung der Melodie des Liedes »L'Étendard de la Pitié« (frz.; ›Die Standarte der Armut‹; Herkunft unbekannt) sowohl von Paul Burkhard (für die Uraufführung 1941) als auch von Paul Dessau (1946/48) vertont. Brecht hatte die Melodie bereits für die »Ballade von den Seeräubern« (entst. 1918; GBA 11,85–89) verwendet (vgl. Paul Dessau, »Begegnungen mit Brecht« [1963], in: P. D., *Notizen zu Noten*, hrsg. von Fritz Hennenberg, Leipzig 1974, S. 37–44, hier S. 42). Auf Anregung Helene Weigels wurde das Lied, das im *Couragemodell 1949* auch als »Geschäfts-« oder »Auftrittslied« der Courage bezeichnet wird (GBA 25,179), bei der Inszenierung von 1949 am Anfang des Stücks gesungen. – Der Wortlaut der 2. Strophe weicht von der Urfassung in größerem Maße ab, die 3. Strophe ist um die Stelle 75,14–17 (61,21–24) erweitert (vgl. GBA 14,682f.). 1951 schrieb Brecht zwölf weitere Verse, die in der Aussagetendenz aber stark differieren und vermutlich in den Kontext des Filmprojekts (1949–55) gehören (vgl. Kap. VI,1). Dieser Text erschien als selbständiges Gedicht unter dem Titel »Es kommt ein Tag« in der *Neuen Zeit* (Berlin [DDR], 17. Oktober 1954; GBA 14,683).

8,28 (10,18) *Hauptleut:* Plural von *Hauptmann*; in den Landsknechtsheeren des 16. Jh.s der vom Oberst (vgl. Anm. zu 13,5) eingesetzte Führer eines Fähnleins.

8,33 (10,23) *Bagage:* (frz.) Gepäck; Tross (vgl. Anm. zu 20,3 *Troß*); bereits im 17. Jh. auch als Schimpfwort üblich im Sinne von ›Gesindel‹, ›Pack‹ (vgl. in diesem Sinne 9,19 [11,5]).

9,2 (10,25) *han:* veraltet für: haben.

9,3 (10,26) *Wach auf, du Christ:* biblische Ausdrucksweise, vgl. Ps. 108,2f. Mit diesem oder einem ähnlichen Aufruf beginnen zahlreiche protestantische Kirchenlieder des 16. und 17. Jh.s.

9,14 (10,38) *Höllenschlund:* Die Bibel stellt die Hölle bzw. das Totenreich als Grube oder Abgrund im Innern der Erde vor, als »Schlund« (Jes. 5,14; vgl. Ps. 63,10; Mt. 11,23; Röm. 10,7; Offb. 9,2).

9,20 (11,6) *Zweites Finnisches Regiment:* Der Ausdruck *Regiment* bezeichnete ursprünglich die Machtbefugnisse, mit denen der oberste Befehlshaber eines Söldnerheeres ausgestattet war; in der zweiten Hälfte des 16. Jh.s ging er auf eine aus mehreren Fähnlein bestehende Truppeneinheit über (vgl. Anm. zu 7,11). – Obwohl 1581 zum Großfürstentum erhoben, wurde Finnland de facto wie eine schwedische Provinz verwaltet; seine Truppen unterstanden daher schwedischem Oberkommando. Die Finnen waren mit mehreren Regimentern sowohl am Krieg um Livland (vgl. Anm. zu 40,26–28) als auch am Dreißigjährigen Krieg beteiligt.

9,24f. (11,10) *Warum heißt sie Courage?:* Frz. *courage* bedeutet ›Beherztheit‹, ›Schneid‹, ›Mut‹. Im Folgenden wird der Name zunächst individuell, aber im Blick auf die Geschäftstüchtigkeit der Titelfigur begründet. Später leitet die Fierling ihn aus ihrer und ihresgleichen sozialen Lage ab (69,14–26 [57,10–21]). Zur literarischen Herkunft des Namens vgl. Kap. II,3a.

9,28 (11,13) *Riga:* Nach mehrwöchiger Belagerung, schwerer Beschießung und zahlreichen Sturmangriffen war es Gustav Adolf am 15. September 1621 gelungen, die seit 1581 von Polen beherrschte livländische Hafenstadt an der Ostsee einzunehmen.

10,2 (11,19) *Meßbuch:* Altarbuch mit Gebetstexten, Lesungen und liturgischen Gesängen für die Feier der heiligen Messe, des katholischen Gottesdienstes. Auf Beschluss des Trienter Konzils wurde 1570 ein für alle Ortskirchen verbindliches Messbuch von Papst Pius V. herausgegeben.

10,3 (11,19) *Altötting:* bedeutender Wallfahrtsort in Oberbayern. Hier fand Tilly 1652 seine letzte Ruhestätte (vgl. Anm. zu 61,5 f. und zu 64,2–4).

10,4 (11,20 f.) *Mähren:* historische Landschaft in Mitteleuropa, zwischen Böhmen und der Slowakei, gehörte seit dem 15. Jh. zu Österreich.

10,7 (11,23) *umgestanden:* verendet, umgekommen.

10,8 (11,24) *Gulden:* alte, im Reich schon im hohen Mittelalter umlaufende Goldmünze. Zusammen mit dem Taler war der Gulden die verbreitetste Großmünze im Dreißigjährigen Krieg (vgl. Anm. zu 75,7 f.).

10,12 (11,27) *Lizenz:* (behördliche) Erlaubnis, Genehmigung.

11,30 (12,35 f.) *eine halbe Deutsche:* vermutlich eine Anspielung auf Helene Weigel, die als Jüdin nach den Nürnberger Gesetzen von 1935 zwar noch als deutsche »Staats«-, aber nicht als mehr als deutsche »Reichsbürgerin« galt und somit mit minderen Rechten ausgestattet war. 1937 wurde ihr auch die deutsche Staatszugehörigkeit aberkannt (vgl. BBA 1391/2).

12,1–4 *Du bist aus … nach Bamberg kommt:* In der Textgrundlage der GBA fehlt der Dialog. Auch in der 6. Auflage der *Versuche* von 1956 (Ausgabe des Aufbau-Verlags, Berlin [DDR]) ist er noch nicht vorhanden. – Das Bistum Bamberg, Mitglied der katholischen Liga, wurde erst spät, Anfang der dreißiger Jahre, in den Krieg hineingezogen.

12,5 (13,2) *Jakob Ochs und Esau Ochs:* Jakob und Esau, die (verfeindeten) Zwillinge von Isaak und Rebekka, vgl. 1. Mose 25,24–27.

12,16 (13,12) *Haxen:* (süddt., österr.) unterer Teil des Beines von Kalb und Schwein; hier umgangsspr. und scherzhaft für Bein (des Menschen).

12,34 (13,30) *Haderlump:* (zu Hader [süddt., österr.]: Stoffreste, -abfälle; Lumpen) meist abwertend gebraucht für: liederlicher Mensch, verkommenes Subjekt.

13,5 (13,35) *Obristen:* Obrist (veraltet), Oberst: von der Mitte des 16. Jh.s bis zum 17. Jh. Bezeichnung für den Inhaber eines von diesem selbst oder im Auftrag des Kriegsherren gegen Bezahlung einer vertraglich vereinbarten Summe geworbenen Regiments. Er übte die oberste Rechtsprechung in seinem Regiment aus und ernannte die Offiziere.

13,6 (13,36) *Leutnant:* (frz.) in den Söldnerheeren vom Ende des 15. bis zur Mitte des 17. Jh.s Bezeichnung für den Stellvertreter des Befehlshabers.

13,18f. (14,7f.) *Komm, geh mit angeln, sagt der Fischer zum Wurm (… sagte ….):* Brecht hat dieses Sagwort wahrscheinlich erfunden. Er verwendet es auch leicht abgewandelt in den Stücken *Die Rundköpfe und die Spitzköpfe* (Fassung von 1938, 3. Szene; GBA 4,147–263, hier S. 173) und *Der kaukasische Kreidekreis* (1949, 5. Szene; GBA 8,7–92, hier S. 87). Vgl. Mieder, S. 160f.

13,27 (14,15) *Vettel:* abwertend für: hässliche alte Frau.

13,32 (14,19) *Butzen:* Butz (landschaftl.): Kerngehäuse vom Kernobst.

13,34 (14,21) *gezinst:* gezahlt.

14,15f. (14,33f.) *wie eine Leich auf Urlaub:* vermutlich eine Reminiszenz an die sprichwörtlich gewordene Wendung, die Eugen Leviné, Mitbegründer der KPD, 1919 in seiner Rede vor dem Standgericht gebrauchte, vor dem er sich wegen seiner Beteiligung an der zweiten (kommunistischen) Räterepublik in München zu verantworten hatte: »Wir Kommunisten sind alle Tote auf Urlaub« (zit. in: Rosa Meyer-Leviné, *Leviné. Leben und Tod eines Revolutionärs. Erinnerungen*, mit einem dokum. Anh., Frankfurt a. M. 1974, S. 179).

14,17 (14,35) *das Zweite Gesicht:* die einigen Menschen zugeschriebene Fähigkeit, in Visionen von räumlich entfernten bzw. zeitlich bevorstehenden Ereignissen Kenntnis zu erhalten.

14,26 (15,5) *Pergamentbogen:* Pergament (urspr.: Papier aus Pergamon): zum Schreiben hergerichtete Tierhaut.

15,8 (15,19f.) *Augenauswischen:* (umgangsspr.) Betrug, Schwindel.

15,11 (15,23) *Laß du dich nicht ins Bockshorn jagen:* nicht einschüchtern. Die Redensart ist seit dem 15. Jh. bezeugt, ihr Ursprung jedoch nicht völlig geklärt. Vgl. den Brief vom 9. Juli 1943 an Kurt Weill, in dem Brecht (sich) fragt, was »eigentlich ein Bockshorn« sei (GBA 29,278).

15,16 (15,27f.) *es ist nicht alle Tag Krieg:* Abwandlung der Redensart »Es ist nicht alle Tag Festtag«.

15,16 (15,28) *tummeln:* (landschaftl.) beeilen.

15,18 (15,30) *Bankert:* (eigtl. das auf der Schlafbank der Magd gezeugte Kind) stark abwertend für: (nicht eheliches) Kind.

15,26 (15,36f.) *Sie läuft nach hinten, auf Zettel Kreuze zu malen:* In der 1. Niederschrift heißt es stattdessen: »Sie geht nach vorn und malt auf 6 Zettel je ein schwarzes Kreuz, aber so, dass die andern es nicht sehen« (BBA 490/11 [im Typoskript in Majuskeln]).

15,28 (15,39) *fromm zugeht im schwedischen Lager:* In den ›Kriegsartikeln‹, die Gustav Adolf (vgl. Anm. zu 18,20) 1621 erließ (und 1632 erneuerte), verlangte er von seinen Soldaten nicht nur militärische Disziplin, sondern auch christlichen Lebenswandel. So waren z. B. Gotteslästerung, Spiel und Duelle untersagt, ebenso sollten Prostituierte im Lager nicht geduldet werden. Auf Plündern stand die Todesstrafe. Große Aufmerksamkeit wurde dem Seelenheil gewidmet. Jede Kompanie hatte einen Geistlichen, der die Einheit morgens oder abends zu einer Andacht versammelte und einmal in der Woche predigte. Die strenge Zucht ließ sich in Deutschland nur noch schwer aufrechterhalten, was teilweise Engpässen in der Besoldung geschuldet war, die den schwedischen König zunehmend dazu nötigten, zu dem Grundsatz ›Der Krieg ernährt den Krieg‹ überzugehen, teilweise der verstärkten Verpflichtung fremder Söldner.

16,2 (16,7) *Freudental:* Analogiebildung zu »Jammertal«. Mit diesem Ausdruck übersetzte Luther das nur in Ps. 84,7 erwähnte ›Baka-Tal‹ (›Tal des Weinens‹ oder ›Tal des Baka-Strauches‹). Er wurde besonders im Barock häufig als Metapher für das als trostlos, elend und nichtig empfundene irdische Leben verwendet. In seiner als Gedicht und Lied weit verbreiteten »Trost-Aria« (1725) gibt Johann Christian Günther der Sehnsucht nach einem »Freuden-Thal« Ausdruck, in dem alles Leiden sein Ende findet: das himmlische Paradies.

16,9f. (16,13f.) *schmerzensreiche Gebärerin:* biblische Stilisierung unter Anspielung auf Maria, im Schmerz um das Leiden ihres Sohnes Jesus (*mater dolorosa* [lat.] ›Schmerzensmutter‹). Die Darstellung war in der bildenden Kunst des Barock besonders beliebt. Vgl. auch Gottes Strafgericht über Eva nach dem Sündenfall: »Ich will dir viel Mühsal schaffen, wenn du schwanger wirst; unter Mühen sollst du Kinder gebären.« (1. Mose 3,16)

16,10 (16,14) *Lenz:* poetisch für: Frühling.

16,11 (16,15) *ins Gras beißen:* hier im ursprünglichen Sinne gebraucht: im Kampf (auf grüner Wiese) fallen, den Soldatentod sterben.

16,13 (16,17) *den Weg des Fleisches:* den Weg der Vergänglichkeit und des Todes; vgl. 1. Mose 6,12f.

16,20 (16,23) *wer (werd):* Druckfehler in der Taschenbuchausgabe.

17,15 (17,9f.) *stumm bist (stumm geboren bist):* Kattrin wurde als kleines Kind von einem Soldaten misshandelt, deshalb ist sie stumm, wie später deutlich wird (vgl. 74,7–9

[61,4 f.]). Die Rolle der stummen Kattrin hatte Brecht ursprünglich für seine Frau, die Schauspielerin Helene Weigel, geschrieben, um ihr im schwedischen Exil ohne Kenntnis der Landessprache eine Auftrittsmöglichkeit zu schaffen (vgl. die Briefe Margarete Steffins an Fredrik Martner [undatiert; BBA E 10/15] und Brechts an Naima Wifstrand vom Ende August 1940 [GBA 29,184 f.]). Die erhoffte Inszenierung kam jedoch nicht zustande. Auch später hat die Weigel diese Rolle nie gespielt.

18,2 (17,29) *Unzen:* Unze (lat. *uncia*): alte, auf die Antike zurückgehende Maß-, Gewichts- und Münzeinheit. Sie bildet den zwölften Teil einer größeren Einheit; hier ist die Gewichtseinheit gemeint (zwischen 28 und 100 Gramm).

18,4 (17,31) *Handgeld:* Rechtsbrauch der symbolischen Anzahlung einer kleinen Geldsumme bei mündlichem Abschluss eines Vertrages, bis ins 18. Jh. Werbungsgeld für Söldner.

18,20 (18,5) *den König:* Gustav II. Adolf (1594–1632), seit 1611 schwedischer König. Als Feldherr beteiligte er sich u. a. am schwedisch-polnischen Krieg und am Dreißigjährigen Krieg. Vgl. Kap. II,1a.

18,23 f. (18,8 f.) *und stößt rauhe Laute aus:* Dreimal versucht Kattrin vor bevorstehender Gefahr zu warnen, erst am Schluss hat sie damit Erfolg (vgl. 43,29 f. [37,36] und 11. Szene).

18,27 f. (18,12) *Ich bin ein gebranntes Kind:* verkürzt aus »Ein gebranntes Kind scheut das Feuer«.

2 (Polen 1625/26: Zelt des Feldhauptmanns)

20,3 (19,2) *Troß:* die das Gepäck, die Verpflegung und die Ausrüstung der Truppe mitführenden Wagen samt ihrer Besatzung. Die Bezeichnung war bis zum 18. Jh. üblich.

20,3 (19,3) *durch Polen:* vgl. Anm. zu 7,3 *Feldzug in Polen* und Kap. II,1a des vorliegenden Bandes.

20,4 (19,3f.) *Festung Wallhof:* südöstlich von Riga. Am 7. Januar 1626 besiegte Gustav Adolf hier die Polen unter Lew Sapieha.

20,5 (19,5) *Kapauns:* Kapaun: kastrierter Masthahn.

20,11 (19,12) *Heller:* alte deutsche Scheidemünze aus Silber von geringem Wert. Der Name leitet sich von dem Münzort Schwäbisch Hall ab (Häller Pfennig).

20,13 (19,14) *ein Feldhauptmann, wo verfressen ist: wo* ist hier als Relativpronomen gebraucht (landschaftl.).

20,20 (19,20f.) *daß die Schwarten krachen:* dass die (dicke) Haut aufplatzt.

21,3 (19,33) *Sie nagen am Hungertuch:* Die Redensart hat ihren Ursprung im mittelalterlichen Brauch der Altarverhüllung durch ein Fastenvelum (*velum* [lat.] ›Hülle‹, ›Segel‹), das am Mittwoch der Karwoche vor bzw. über den Hauptaltar gehängt und später zum Symbol des Fastens und der Buße wurde. Das Wort *nagen* wurde wohl aus *nähen* verdreht.

22,4 (20,24) *Glaubenskrieg:* Der Feldhauptmann vertritt die offizielle schwedische Linie. Die Courage wird diese Auffassung später zurückweisen, wenn sie bemerkt, dass die Herrschenden religiöse Losungen als Deckmantel ökonomischer Interessen benutzen (vgl. 36,11–15 [31,36–39] und 75,16 [61,23]). – Gustav Adolf rechtfertigte seine Kriege gegen den polnischen König Sigismund III. und den deutschen Kaiser in Übereinstimmung mit der zeitgenössischen Staatstheorie mit der Verteidigung der bedrängten Glaubensbrüder. Das schloss die Verfolgung machtpolitischer Ziele freilich nicht aus. Konfessionelle, dynastische und nationale Interessen fielen hier vielmehr zusammen.

22,9 (20,28) *Pfaffen:* eigtl. Geistliche; das Wort ist wahrscheinlich seit der Reformation mit verächtlichem Nebensinn gebräuchlich. Luther gebrauchte es besonders für die katholischen Priester.

22,10 (20,29) *Mores:* (lat.) Sitten, (gutes) Benehmen; Mores lehren: (umgangsspr.) energisch zurechtweisen.

22,12 (20,30 f.) *auf einen Hupp:* Aufforderung, sein Glas ganz zu leeren, auszutrinken. Herkunft und Verbreitung der Wendung sind ungeklärt.

22,21 (20,38) *Bauernschinden:* schinden: enthäuten, abdecken, misshandeln.

23,15 (21,27) *Lieblingsfalerner:* Falerner: Wein aus der Campagna, einer fruchtbaren Landschaft in der Nähe von Rom. Nach dem von den Römern *falernus ager* benannten Gebiet im Norden der Region.

23,21 (21,32) *geschlenkt:* schlenken (landschaftl.): prellen; hier übertragen gebraucht für: hintergehen, betrügen.

23,33 (22,4) *glustig:* süddt. für *gelustig* ›begierig‹.

24,8 (22,22) *mein Eisen:* meine aus Eisen geschmiedete Waffe.

24,19 (22,22 f.) *Not kennt kein Gebot:* Das Sprichwort geht auf Cicero zurück, der in *De officiis* 2,21,74 (entst. 44 v. Chr.) schreibt, »man müsse der Nothwendigkeit gehorchen, wenn man wohlbehalten bleiben wolle« (*Drei Bücher über die Pflichten an seinen Sohn Marcus*, übers. von Friedrich Richter, Leipzig [o. J.], S. 141).

24,22 f. (22,26 f.) *unser Herr hat … fünfhundert herzaubern können:* Anspielung auf die Speisung der Fünftausend, vgl. Mt. 14,15–21.

24,24 f. (22,28) *daß man seinen Nächsten liebt:* vgl. 3. Mose 19,18: »Du sollst deinen Nächsten lieben wie dich selbst.« Vgl. auch Mt. 22,39.

24,25 (22,28 f.) *denn man war satt:* vgl. die Sentenz aus der *Dreigroschenoper* (uraufgef. 1928): »Erst kommt das Fressen, dann kommt die Moral.« (2. Finale; GBA 2,284)

24,28 (22,31) *Pharisäer:* eigtl. Angehöriger einer altjüdischen, die religiösen Gesetze streng einhaltenden Partei; hier im übertragenen Sinne gebraucht für: selbstgerechter, heuchlerischer Mensch; nach Lk. 18,9–14.

24,31 f. (22,33–35) *Was du dem geringsten … du mir getan:* vgl. Mt. 25,40.

25,2 (22,38) *Sturmhaub:* militärischer Helm in der Form

einer Glocke, mit hohem Kamm und aufgebogener Krempe, kam im Laufe des 16. Jh.s auf.

25,2 (22,38) *kalten Schalen:* Kaltschale; auch kalte Frucht- oder Biersuppe.

25,6 (23,3) *ein junger Cäsar:* redensartlich für: junger Draufgänger. Zu Cäsar vgl. Anm. zu 93,15 *Julius Cäsar.*

25,27 (23,21 f.) *führt seine Leut in die Scheißgaß (Scheißgass):* d. h. in Verlegenheit.

25,30 (23,24) *Herkulesse:* hier übertragen gebraucht für Menschen mit gewaltiger Körperkraft, nach Herkules (lat.; griech. Herakles), dem Halbgott des griechischen Mythos, Sohn des Zeus und der Alkmene. Schon das Altertum rühmte ihn wegen seiner mutigen und listigen Heldentaten.

25,30 (23,25) *Schlamper:* (landschaftl. abwertend) unordentlicher Mensch; vgl. Schlampe.

25,31 f. (23,26) *klug wie die Schlangen:* vgl. den Rat, den Jesus seinen Jüngern erteilte: »Darum seid klug wie die Schlangen und ohne Falsch wie die Tauben.« (Mt. 10,16)

26,1–4 (23,30–32) *In einem guten Land … meinetwegen Feiglinge:* vgl. die Worte der Titelgestalt in *Leben des Galilei* (1. Fassung, 13. Szene; GBA 5,93): »Unglücklich das Land, das Helden nötig hat«. Vgl. dazu auch die Texte »Es sollte in einem Lande keine besondere Sittlichkeit brauchen«, »Über Länder, die besondere Tugenden hervorbringen«, »Zustände, welche besondere Tugenden nötig machen« und »Das Land, das keine besondere Tugenden nötig hat« (alle entst. zwischen 1934 und 1940) aus dem *Buch der Wendungen* (GBA 18,55; 141 f.; 150) sowie das Ende 1940 geschriebene Kapitel »Ziffel erklärt seinen Unwillen gegen alle Tugenden« aus den *Flüchtlingsgesprächen* (GBA 18,302 f.). Zu Brechts Kritik an der Tugendethik vgl. weiter Anm. zu 93,30.

26,10 (23,38) *Das Lied vom Weib und dem Soldaten:* Das Lied entspricht fast wörtlich der »Ballade von dem Soldaten« (entst. um 1921/22), die Brecht in die *Hauspostille* aufnahm (1927; GBA 11,98f.). In der vorletzten Zeile heißt es in der »Ballade« statt »Weisen Rat« allerdings »Weibes Rat«. Der Text geht auf ein Lied von Rudyard Kipling aus dessen Kurzgeschichte *Love-O'-Women* (1888; ›Frauenlieb‹) zurück. Die Zeilen 22–25 (24,12–15) entsprechen nahezu wörtlich der Quelle (vgl.: *Mancherlei neue Geschichten von Rudyard Kipling*, autoris. Übers. von Leopold Lindau, Berlin 1900, S. 201–234, hier S. 234). Brechts Verse wurden von Franz S. Bruinier (1925), Hanns Eisler (1928), Paul Burkhard (1941) und Paul Dessau (1946/48) vertont.

26,12 (24,1) *Spießmesser:* vgl. Anm. zu 27,10 *Spieß.*

27,3 (24,25) *Ihr vergeht wie der Rauch:* ein im Barock weit verbreitetes Bild für die Vergänglichkeit des Menschen, vgl. z. B. den Schluss von Andreas Gryphius' Gedicht »Menschliches Elende« aus den *Lissaer Sonetten* (1637): »wir vergehn wie der Rauch von starcken Winden«. Vgl. auch Friedrich Schillers Gedicht »Das Siegesfest« (1803), in dem der Vers vorkommt: »Rauch ist alles ird'sche Wesen«. In der Bibel wird das Bild vor allem von den Gottlosen gebraucht (Ps. 37,20; Hos. 13,3). Brecht nahm das Motiv erneut in dem »Lied vom Rauch« (entst. 1941) auf, das er zusammen mit Margarete Steffin für das Stück *Der gute Mensch von Sezuan* schrieb (entst. zwischen 1939 und 1941; GBA 15,37; vgl. *Journal*, 26. Januar 1940; GBA 26,460).

27,10 (24,32) *Spieß:* Stangenwaffe, mit langem Schaft und aufgesetzter blattförmiger Klinge. Sie war bis zum 17. Jh. im Militärwesen gebräuchlich. Ab der Mitte des 16. Jh.s wurde sie in zunehmenden Maße durch die kürzere und leichtere Pike ersetzt (vgl. Anm. zu 86,22).

27,10 (24,32) *Furt:* seichte Stelle eines Flusses, die das Überqueren gestattet.

27,24 (25,6) *Zahlmeister:* erst in der Mitte des 19. Jh.s geprägte, bis 1945 übliche Bezeichnung für einen Militärbeamten im Offiziersrang, der für die Rechnungsführung verantwortlich ist. Sein Vorläufer in den Landsknechtsheeren war der Pfennigmeister.

27,27 (25,9) *Fußwerk:* hier Füße; das Wort bezeichnet auch die Fußbekleidung (vgl.: Schuhwerk).

3 (1629: Feldlager)

29,11 f. (26,11) *Zeugmeister:* Militärbeamter oder Offizier, dem das Geschützwesen unterstellt ist, auch Vorsteher des Zeughauses (in dem das Kriegsmaterial aufbewahrt wird).

29,13 (26,12) *Montur:* (veraltet) Uniform, Dienstkleidung.

30,5 f. (26,34) *wir sind befreundet:* In der 1. Niederschrift lautet die Begründung noch: »wir sind verfeindet« (BBA 490/25).

31,4 f. (27,23) *mit deiner Krankheit:* Geschlechtskrankheit.

31,13 (27,30) *Krähenfüß:* (umgangsspr.) Fältchen in den Augenwinkeln.

31,19 (27,35) *Pieter:* der Koch; vgl. 84,30 (68,11).

31,25 (28,3) *Flandern:* historische Landschaft an der Nordseeküste, umfasst heute Gebietsteile Belgiens, Frankreichs und der Niederlande. 1556 kam Flandern an Spanien, 1648 wurde der Norden der Region den Generalstaaten zugesprochen, die südlichen Teile fielen zwischen 1656 und 1679 an Frankreich. – Im Deutschen bedeutet *flandern* auch ›flattern‹; ›aus Flandern sein‹ verbindet sich daher mit dem Nebensinn ›unbeständig, treulos, flatterhaft sein‹ (DWb 3, Sp. 1722). Später wird der Koch mit Flandern assoziiert, vgl. 85,3 f. (68,17 f.).

31,34 (28,11) *Lied vom Fraternisieren:* Im »Matrizentext (Schweden)« bzw. in der Bühnenfassung von 1941 fehlt das Lied noch. Es entstand 1946 (mit dem Titel »Lied der Soldatenhure«, auch »Lied der Yvette« genannt) und ersetzte das ›Lied vom Pfeif-und-Trommel-Henny« (entst. 1939; GBA 14,443 f.), das auf den Song »Su-

Das Lager
Radierung von Jacques Callot

rabaya-Johnny« zurückgeht (entst. 1926). Brecht überarbeitete den Text für die Berliner Inszenierung. Die Komposition stammt von Paul Dessau (1946/48).

31,34 (28,11) *Fraternisieren:* (lat.-frz.) Sich verbrüdern (besonders von Soldaten mit der Bevölkerung des besetzten Landes). Brecht kannte wohl den Anti-Fraternisierungsbefehl General Dwight D. Eisenhowers vom 12. September 1944, der den Soldaten der amerikanischen Besatzungsmacht jeden näheren Kontakt mit der deutschen Zivilbevölkerung verbot, inbesondere mit ihrem weiblichen Teil. Da der Befehl aber nicht durchzusetzen war, wurde er bereits am 1. Oktober 1945 wieder aufgehoben.

32,5 (28,17) *Maiandacht:* im Mai gehaltene Andacht zu Ehren Marias, der Mutter Jesu. Der katholische Brauch kam allerdings erst im 18. Jh. in Italien auf. In Deutschland ist er seit dem 19. Jh. üblich.

32,7 (28,30) *Geviert:* Rechteck, Quadrat; Gefechtsordnung eines Fähnleins des Fußvolkes in den Landsknechts- und Söldnerheeren des 16. und 17. Jh.s. (vgl. Anm. zu 7,11). Der Gevierthaufen versuchte mit einem massiven Stoß die gegnerische Aufstellung zu überrennen.

32,21 f. (28,35 f.) *Die Liebe … eine Himmelsmacht:* Anspielung auf den Schlussvers des Liedes »Wer hat uns getraut?« aus Johann Strauß' (1825–1899) Operette *Der Zigeunerbaron* (uraufgef. 1885; Textbuch: Ignaz Schnitzer): »Die Liebe, die Liebe / Ist eine Himmelsmacht!« (II,3)

33,28 (29,33) *Der ist nicht seinem Bruder sein Zahlmeister:* In der Textgrundlage heißt es: »Der Eilif ist nicht seinem Bruder sein Zahlmeister« (*Stücke* [1957], S. 99; identisch mit *Versuche*, H. 9, 1950, S. 26). Da es sich bei dieser Ergänzung offenbar um ein Missverständnis handelt, folgen die Taschenbuchausgabe und die GBA abweichend von den sonstigen Gepflogenheiten dem Wortlaut des Erstdrucks (*Versuche*, H. 9, 1949, S. 26).

33,29 (29,34) *nicht in Versuchung führen:* vgl. die Schlussbitte des Vaterunsers, Mt. 6,13 (vgl. Anm. zu 101,26 f. und zu 102,17 f.).

33,31 (29,36) *spekuliert:* (umgangsspr.) erstrebt, rechnet.

34,13 (30,12) *gebrandschatzt:* brandschatzen: unter Androhung, Feuer zu legen, erpressen, Kontributionen auferlegen.

34,13 (30,12) *gestochen:* hier: getötet, abgeschlachtet.

34,14 (30,13) *schänden:* (veraltet) sexuell missbrauchen, vergewaltigen.

34,29 f. (30,27 f.) *Das ist eine Versuchung, sagte der Hofprediger und erlag ihr:* Für das Sagwort konnte bisher kein volkssprachlicher Beleg aufgefunden werden. Vgl. Mieder, S. 148.

34,32 f. (30,30 f.) *keine einnehmende, sondern eine anständige Person:* d. h. keine Person, die Geld für Hurendienste einnimmt.

35,5 (30,36 f.) *politisieren:* hier: (laienhaft) von Politik reden.

Yvette Pottier

Zeichnung zur 3. Szene von Bernhard Heisig

35,6–13 (30,38–31,5) *Die Polen … schuldig gemacht:* Anspielung auf den Überfall der deutschen Wehrmacht auf Polen am 1. September 1939, der den Zweiten Weltkrieg auslöste. Der deutsche Angriff war durch den Anschlag auf den Sender Gleiwitz in Oberschlesien am Abend des 31. August propagandistisch vorbereitet worden: Ein deutsches Einsatzkommando in polnischen Uniformen unterbrach das Rundfunkprogramm und verlas einen Aufruf in polnischer Sprache zum Kampf gegen Deutschland.

35,8 (31,1) *mit Roß und Mann und Wagen:* Anspielung auf den Anfang des noch im Zweiten Weltkrieg verbreiteten Liedes von Ernst Ferdinand August: »Mit Mann und Roß und Wagen, / so hat sie Gott geschlagen« (zuerst erschienen in: *Fluchtlieder*, Riga 1813, S. 3; der Hrsg. ist unbekannt). Eine andere, auf einem fliegenden Blatt verbreitete Version lautet: »Die Franzen hat der Herr geschlagen / Sammt Roß und Mann und Wagen!« (*Scherz und Ernst. Flucht-Lieder* [o. O., o. J.]; Abschrift aus dem handschriftlichen Nachlass von Ludwig Erk, Deutsches Volksliedarchiv, Bl a 211). Das Spottlied auf Napoleon entstand 1812 nach dessen verlorenem Russlandfeldzug. August schrieb es auf Veranlassung seines Lehrers, Friedrich Ludwig Jahn, des Begründers der Turnbewegung. Über die Herkunft der Weise ist nichts bekannt. Neben dieser historischen Anspielung enthalten die Verse auch eine zeitgenössische. Hitler zitierte die ersten beiden Zeilen nach der Vernichtung der polnischen Armee in seiner Rede aus dem besetzten Danzig am 19. September 1939 (*Der großdeutsche Freiheitskampf. Reden Adolf Hitlers vom 1. September 1939 bis 10. März 1940*, hrsg. von Philipp Bouhler, München 1940, S. 41–62, hier S. 50). Im propagandistischen Schrifttum der Nationalsozialisten erfreuten sie sich deshalb großer Beliebtheit.

35,13 (31,5f.) *alles Blut kommt auf ihr Haupt:* Anspielung

auf die Worte, mit denen die Juden von Pilatus die Kreuzigung Jesu forderten: »Sein Blut komme über uns und unsre Kinder!« (Mt. 27,25, vgl. auch Apg. 5,28)

35,15 (31,8) *Der Kaiser:* Ferdinand II. von Habsburg (1578–1637), seit 1619 Kaiser des Heiligen Römischen Reichs. Vgl. Kap. II,1b.

35,16f. (31,9) *der König hat sie befreien müssen:* vgl. Kap. II,1.

35,22 (31,14) *Salzsteuer:* Verbrauchssteuer auf Speisesalz. Worauf Brecht sich hier bezieht, ist nicht ganz klar. Der Versuch der schwedischen Regierung, 1628 ein Salzmonopol zu errichten, von dem man sich wegen der steigenden Preise hohe Einnahmen zur Finanzierung des Krieges versprach, scheiterte daran, dass die den Handel dominierenden holländischen Lieferanten nicht ausgeschaltet werden konnten. Bereits 1629 musste der Salzhandel wieder freigegeben werden. Möglicherweise handelt es sich auch um eine Anspielung auf die von der Regierung Papen 1932 wieder eingeführte Salzsteuer, die erst 1926 im Deutschen Reich abgeschafft worden war.

36,2 (31,27) *Gottes Wort:* die Bibel.

36,8 (31,33) *Schließlich essen Sie sein Brot:* Anspielung auf das Sprichwort »Wes Brot ich ess, des Lied ich sing«.

36,9 (31,34) *Ich eß nicht sein Brot, sondern ich backs ihm (… ess …):* vgl. die Variation des Motivs in *Leben des Galilei* (1. Fassung, 8. Szene; GBA 5,79).

36,12 (31,36) *Großkopfigen:* eigtl. die, die einen großen Kopf haben, hier übertragen gebraucht für ›die Mächtigen‹, ›Herrschenden‹, wohl mit dem Beiklang ›aufgeblasene Leute‹, ›Wichtigtuer‹.

36,14f. (31,39) *sondern führn die Krieg für Gewinn:* Die Courage durchschaut also durchaus die Ideologie des Glaubenskriegs; sie erkennt, wie Brecht in der »Anmerkung« zum Erstdruck des Stücks schreibt, »das rein merkantile Wesen des Kriegs: das ist gerade, was sie anzieht. Sie glaubt an den Krieg bis zuletzt.« (GBA 24,264)

36,21 (32,7) *Hie gut evangelisch allewege:* Abwandlung der bis an den Anfang des 16. Jh.s zurückzuverfolgenden, sicher aber noch älteren und wahrscheinlich dem Kriegswesen entstammenden Losung und Gegenlosung »Hie gut Wirtemberg!« – »Allewege!«, die später zum Wahlspruch des württembergischen Herrscherhauses wurde. Die Bezeichnung »evangelisch« umfasst hier alle Anhänger der reformatorischen Lehre, d. h. die Gesamtheit der aus der Reformation hervorgegangenen christlichen Kirchen und Gemeinschaften, darunter die Lutheraner und Kalvinisten. Der heute veraltete Ausdruck »allewege«, den Luther auch in seiner Bibelübersetzung benutzt, bedeutet ›immer‹, ›überall‹.

36,21 (32,7) *Prosit:* (lat.) wohl bekomm's!, zum Wohl!

37,12 (32,28 f.) *Selig sind die Friedfertigen:* Anspielung auf den Satz aus Jesu Bergpredigt: »Selig sind die Friedfertigen; denn sie werden Gottes Kinder heißen.« (Mt. 5,9)

38,2 (33,11) *Babylonische:* die »große Hure« Babylon (eigtl. die im Orient verehrte Fruchtbarkeits- und Kriegsgöttin Astarte bzw. Ischtar), »die Mutter der Hurerei und aller Greuel auf Erden«, wie es in der Offenbarung des Johannes heißt (17,5).

38,30 f. (33,37 f.) *Sein Licht muß man unter den Scheffel stellen:* D. h. seine Vorzüge zeigt man nicht, die verliehenen Kräfte wendet man nicht zum allgemeinen Besten an. Der Rat geht auf die Bibel zurück, wird bei Brecht aber umgekehrt. Vgl. Jesu Ermahnung an seine Jünger: »Man zündet auch nicht ein Licht an und setzt es unter einen Scheffel, sondern auf einen Leuchter; so leuchtet es allen, die im Hause sind. So soll euer Licht leuchten vor den Leuten, dass sie eure guten Werke sehen und euren Vater im Himmel preisen« (Mt. 5,15 f.). Scheffel (landschaftl.): Bottich; altes deutsches Hohlmaß für trockene Güter (differierend zwischen etwa 22 und 222 Liter).

39,1 (34,2) *Frauenzimmer:* Der Ausdruck »Frauenzimmer« bezeichnete ursprünglich den Aufenthaltsraum der Frauen, v. a. der weiblichen Dienerschaft. Später wurde er auf diese übertragen, schließlich auf Frauen allgemein. Im 18. Jh. bedeutete das Wort meist eine gebildete oder vornehme Frau, in der zweiten Hälfte des Jh.s dann auch eine bürgerliche. Heute ist es nur noch landschaftl. gebräuchlich, sonst veraltet und meist abwertend.

39,16 (34,15 f.) *Boshe moi (Bosche moye): Boże mój!* (poln.) ›Mein Gott!‹; Ausruf des Erstaunens oder Entsetzens.

39,30 (34,31 f.) *Wes das Herz voll ist, des läuft das Maul über:* Abwandlung des Sprichworts, mit dem Luther Mt. 12,34 übersetzt: »Wes das Herz voll ist, des geht der Mund über.« Luther diente diese Stelle in seinem »Sendbrieff« *Von dolmetzschen und fürbit der Heiligenn* (1530) als Beispiel für eine volkstümliche Bibelübersetzung.

40,3–5 (34,37–39) *Wir sind eben … verloren sind:* vgl. ganz ähnlich die Stelle in der 8. Szene von Brechts Stück *Schweyk* (entst. 1943; GBA 7,181–252, hier S. 241).

40,3 (34,37) *in Gottes Hand:* biblische Ausdrucksweise.

40,8 (35,2 f.) *Antichrist:* der Widersacher Christi, der Teufel (vgl. 1. Joh. 2,18; 2,22; 4,3; 2. Joh. 7), hier der schwedische König als Gegner des katholischen Glaubens (vgl. 78,30 [63,19]).

40,25 f. (35,19) *Die Ehr ist verloren, aber nix sonst:* Umkehrung eines Ausspruchs, den der französische König Franz I. nach der Niederlage in der Schlacht von Pavia (1525) gemacht haben soll: »Alles ist verloren, nur die Ehre nicht« (»Tout est perdu, fors l'honneur«).

40,26–28 (35,20 f.) *im Livländischen … vom Feind eingesteckt:* Schweden befand sich von 1600 bis 1629 im Krieg mit Polen um Livland (vgl. dazu Kap. II,1a). Nach der Auflösung des Deutschen Ordens war Livland – eine Region, die ungefähr das heutige Estland und Lettland umfasst – 1561 geteilt worden: der Norden (Estland) fiel an Schweden, der Rest wurde teils polnisch, teils polnisches Lehen.

40,29 (35,22) *Bagage:* vgl. Anm. zu 8,33.

40,31 (35,24) *Revision:* (nochmalige) Durchsicht, Nachprüfung.

40,32 (35,25) *gemeinen Leuten:* (veraltet) gewöhnlichen, durchschnittlichen Leuten, einfachem Volk.

41,19 (36,5) *Bettelmönch:* Angehöriger eines katholischen Mönchsordens, der von Almosen lebt. Im Erstdruck ist in der folgenden Zeile noch, etwas unstimmig, von den »Katholischen« die Rede (*Versuche*, H. 9, 1949, S. 31), was Brecht in den späteren Ausgaben in »die Lutherischen« (41,20 [36,6]) korrigierte.

41,33 f. (36,18) *Verrecker:* Tod (bei Tieren); von *verrecken* ›sterben‹ (*Schwäbisches Wörterbuch*, bearb. von Hermann Fischer, Bd. 2, Tübingen 1908, Sp. 1273), hier vermutlich im Sinne von ›Todgeweihter‹.

42,11 (36,28) *Hoffart:* (gehoben, meist abwertend) Dünkel, anmaßender Stolz. – Diese Charakterisierung wurde bei der Umarbeitung des Textes, die Kattrin positiver erscheinen lässt, vermutlich übersehen. In der 1. Niederschrift folgte nach »Ich geb sie zurück« (42,6f. [36,24]) ursprünglich: »die hoffahrt wird dich noch ruinieren« (BBA 490/39). Im Typoskript sind die Worte jedoch bereits durchgestrichen.

43,8 (37,18) *Quartier:* (frz., ›vierter Teil [eines Heerlagers]‹, eigtl. ›Viertel‹) hier Unterkunft der Soldaten außerhalb einer Kaserne.

45,9 (39,3) *Rock:* hier landschaftl. für: Jacke, Jackett, Sakko (als Teil des Anzugs); vgl.: (veraltet) Soldatenrock.

46,8 (39,36 f.) *Passion:* (zu lat. *passio* ›das Erleiden, Erdulden‹) starke, leidenschaftliche Neigung, Vorliebe, Liebhaberei; die Leidensgeschichte Jesu von seiner Gefangennahme bis zur Kreuzigung (Mt. 26f., Mk. 14f., Lk. 22f., Joh. 18f.).

46,9 (39,38) *Horenlied:* (von lat. *hora* ›Stunde‹) Stundenlied, das die Leidensstationen Jesu am Karfreitag auf die Tagzeiten des klösterlichen Stundengebets verteilt (vgl. Mt. 27,1–52; Joh. 19,31–34). Brechts Vorlage ist das Kirchenlied »Christus, der uns seligmacht« von Michael Weiße (erschienen in: M. W., *Ein New Geseng buchlen*, Jungbunzlau 1531), das auf das lateinische Lied »Patris sapientia« (›Die Weisheit des Vaters‹) zurückgeht. Es stammt wahrscheinlich von Aegidius von Colonna (um 1245–1316). Brecht entnahm den Text der von Philipp Wackernagel herausgegebenen Sammlung *Das deutsche Kirchenlied von der ältesten Zeit bis zu Anfang des XVII. Jahrhunderts* (Bd. 3, Leipzig 1870, S. 259). Von den acht Doppelstrophen der Vorlage wählte er die Strophen 2 bis 6 aus, wobei er sie in zehn Einzelstrophen aufteilte und die altertümliche Diktion teils revidierte, teils bewahrte (wie »unschüldig« [46,14], »umb« [46,18/40,11], »zurrissen« [46,21/40,14], »neunden« [47,5/40,31)], »zerklübet« [47,12/40,39]), teils auch verstärkte (»doraus« [47,17/41,6]). Den Schluss der 6. Strophe (47,18–20 [41,7–9]) schrieb er neu. Die Vorlage lautet: »Daraus blut und wasser rahn, / die schrieft zu erfüllen, / wie johannes zeyget an, / nur umb unsret willen.« Brechts Bearbeitung, die ursprünglich den Titel »Das Stundenlied (aus dem 17. Jahrhundert)« trug, entstand 1946 (GBA 15,176f.). Die Erstpublikation erfolgte in *7 Lieder* (1948). Der Text wurde 1946/48 von Paul Dessau, 1958/59 von Gottfried von Einem vertont (»Das Stundenlied«, op. 26).

46,13 (40,4) *Pilatus:* Pontius P., römischer Statthalter der Provinz Judäa (26–36 n. Chr.). Von dem Vorwurf, Jesus sei ein Mörder, berichten die Evangelien nichts.

46,17 (40,9) *König Herodes:* Herodes Antipas (20 v. Chr. – nach 39 n. Chr.), Sohn von Herodes dem Großen, Tetrarch (griech.-lat., ›Vierfürst‹) von Galiläa und Peräa (vgl. Lk. 23,7–12) und überzeugter Jude.

47,13 (41,1) *Vesperzeit:* Vesper (von lat. *vespera* ›Abendzeit‹): ursprünglich die Bezeichnung für das vorletzte kirchliche Stundengebet des Tages, danach für die Zeit um 2 oder 6 Uhr nachmittags, in der gevespert, d. h. eine kleine Zwischenmahlzeit eingenommen wird (besonders süddt.).

47,14 (41,2) *Schechr:* Schächer, Räuber, Mörder. Luther verwendet das Wort für die zusammen mit Jesus gekreuzigten Verbrecher in seiner Bibelübersetzung zwar nicht. Doch findet es sich sonst in seinen Schriften.

47,20 (41,9) *Menschensohne:* biblische Ausdrucksweise, Selbstbezeichnung Jesu in den Evangelien. Im Alten Testament bedeutet das Wort zunächst einfach ›Mensch‹ und wird gebraucht, um den Abstand zwischen Gott und Mensch hervorzuheben. In der jüdischen Apokalyptik bezeichnet es eine Gestalt, die am Ende der Zeiten vom Himmel her erwartet wird (vgl. Dn. 7,13 f.).

48,12 (41,28) *reflektieren:* hier: interessiert sein, erhalten wollen.

49,10 (42,20) *Chéri:* (frz., ›geliebt‹) Liebling, Geliebter (Kosewort).

50,6 f. (43,10) *Hyänenvieh:* Hyäne: hundeähnliches Raubtier, das sich vorwiegend von Aas ernährt, in Afrika und Asien heimisch. Vgl. 82,2 (65,39).

50,25 (43,25 f.) *Siebengescheiter:* (ironisch) sehr Gescheiter. Der Ausdruck wird teils auf die ›sieben freien Künste‹, die Lehrfächer der mittelalterlichen Universität, zurückgeführt, teils auf die ›sieben Weisen‹ des Altertums, eine Gruppe bedeutender Persönlichkeiten der griechischen Geschichte, deren Zusammensetzung in der Überlieferung allerdings schwankt. Zu den immer wiederkehrenden Namen gehören Solon von Athen und Thales von Milet.

50,32 (43,31) *Bimsstein:* hellgraues, schaumig-poröses vulkanisches Gestein, das zum Reinigen verwendet wird.

50,33 (43,32) *wie Jesus am Ölberg:* Im Garten Gethsemane am Fuße des Ölbergs überfiel Jesus in der Nacht vor seiner Gefangennahme Todesangst (vgl. Mt. 26,36–46). Der Ölberg ist eine Bergkette bei Jerusalem.

51,4f. (43,37f.) *Sie sind doch keine Wölf, sondern Menschen und auf Geld aus:* Dem Ausspruch liegt das Sprichwort »Ein Mensch ist des anderen Wolf« (»Homo homini lupus«) zugrunde (vgl. auch 72,26f. [59,39f.] und 107,6f. [85,14f.]), das sich bereits in der Komödie *Asinaria* (›Eselskomödie‹, II,3, V. 495) des römischen Dichters Plautus (um 250–184 v. Chr.) findet. Brecht verwendet es häufig (vgl. Mieder, S. 59–62). Er kannte im Übrigen auch Thomas Hobbes' *Leviathan, or The Matter, Forme & Power of a Common-Wealth, Ecclesiasticall and Civill* (1651; ›Leviathan oder Stoff, Form und Gewalt eines kirchlichen und bürgerlichen Staates‹). Der englische Philosoph beschreibt in seiner staatstheoretischen Abhandlung das Verhalten des Menschen im ›Naturzustand‹, in dem jeder seine Natur uneingeschränkt durch eine staatliche und gesetzliche Ordnung ausleben kann: »in einem Krieg eines jeden gegen jeden« (Teil I, Kap. 13, § 8). Die Pointe des Ausspruchs der Courage liegt darin, dass das einfache Volk nicht nur im Naturzustand, sondern auch in der bürgerlichen Gesellschaft auf ›außer‹- bzw. ›ungesetzliche‹ Handlungen nicht verzichten kann, wenn es überleben will.

»Die Händlerin hat zu lange gehandelt. Der stumme Schrei«
(3. Szene)
Helene Weigel als Mutter Courage und Erwin Geschonneck als Feldprediger in der Neueinstudierung des Berliner Ensembles (1951)
Foto: Hainer Hill

51,5–7 (43,38f.) *Die Bestechlichkeit ist … Gott die Barmherzigkeit:* In der 1. Niederschrift folgt eine längere Textpassage, die das Gesagte an dem Beispiel eines fränkischen Richters erläutert. Sie gehört zum Kontext des *Kreidekreis*-Projektes und ist abgedruckt in GBA 8,452. Vgl. S. 79f. des vorliegenden Bandes.

51,14f. (44,8) *die Daumenschrauben angelegt:* Die Daumenschraube ist »ein eisernes schraubzeug, das beim foltern an das mittlere gelenk des daumens gelegt ward […]. ›die daumschrauben anlegen […], aber bald wieder nachlassen‹, war der erste grad der folter, der folgende ›die daumenschrauben zuschrauben‹.« (DWb 2, Sp. 852)

51,29 (44,22) *siebzehn Jahr:* Mutter Courage war also schon vor Beginn des Dreißigjährigen Krieges Marketenderin.

52,19 (45,5) *Hucke:* eigtl. die auf dem Rücken getragene Last, hier das Rückenbündel oder der Rückentragekorb.

52,22 (45,7) *Der Herr wirds zum Guten lenken:* vgl. Spr. 16,9; 19,21; 20,24. Vgl. Anm. zu 59,3.

52,25 (45,10) *Sie putzen schweigend Messer:* Zu der Textstelle, die im Erstdruck folgt, vgl. Kap. IV,4, S. 101.

53,7 (45,24f.) *Es wird dunkel:* möglicherweise eine Anspielung auf die Verfinsterung bei Jesu Kreuzestod (Mt. 27,45). Vgl. Anm. zu 46,9 und zu 54,4.

53,27 (46,3) *Landsknechte:* deutsche Söldner zu Fuß vom Ende des 15. bis Anfang des 17. Jh.s. Das Landsknechtswesen löste sich im Dreißigjährigen Krieg völlig auf.

53,34–54,1 (46,10) *Mutter Courage schüttelt den Kopf:* Die zweimalige Verleugnung der Courage (vgl. auch 54,2f. [46,11f.]) erinnert an die dreimalige Verleugnung des Petrus beim Prozess gegen Jesus (vgl. Mt. 26,69–75). Vgl. auch Anm. zu 54,4.

54,3f. (46,13) *Schindanger:* Platz, an dem der Schinder (Abdecker) einen Tierkadaver abgedeckt, d. h. ihm das

Fell abzieht. Anger: (landschaftl.) freier Grasplatz im Dorf; Weide, Wiese.

54,4 (46,13) *Er hat keinen, der ihn kennt:* Anklang an die Worte des Petrus: »Ich kenne den Menschen nicht« (Mt. 26,72).

4 (Vor einem Offizierszelt)

55,21 (46,36) *Rittmeister:* seit dem 16. Jh. übliche Bezeichnung für den Hauptmann (vgl. Anm. zu 8,28) bei den berittenen Truppen.

55,23 (46,37) *Bouque la Madonne: bouquer* (frz.) ›gezwungen küssen‹; obszöner Fluch, etwa: Raub' der Madonna einen Kuss! Leg die Madonna flach!

55,26 (46,39) *Menscher:* Plural von *das Mensch* (umgangssprachl., verächtl.) ›weibliche Person‹; ›Schlampe, Dirne‹.

55,28 (47,2) *Stock:* Gefangenenstock, »schwerer holzblock, der aus zwei hälften gearbeitet, die füsse und hände, seltener den hals eines gefangenen festhielt; ein sicheres gelasz konnte bei seiner benützung entbehrt werden; oft fand er sogar unter freiem himmel aufstellung« (DWb 10.3, Sp. 30).

57,28 (48,21) *den Schwanz einziehn:* (umgangsspr.) nachgeben; nicht mutig genug sein, etwas durchzusetzen. Die Wendung bezieht sich ursprünglich auf das Verhalten des Hundes, der den Schwanz zwischen die Hinterbeine klemmt, wenn er Gefahr wittert oder krank ist.

58,7 (48,32) *im Sitzen gibts kein Aufruhr:* vgl. die Parallelstelle in dem »Drama« *Trommeln in der Nacht* (1922; 2. Akt): »die Weltgeschichte wäre anders, wenn die Menschheit mehr auf dem Hintern säße!« (GBA 1,175–232, hier S. 199)

58,14 f. (48,38) *Lied von der großen Kapitulation (… Großen …):* entstanden 1939. Die Erstpublikation erfolgte in *7 Lieder* (1948). In der vorliegenden Textfassung findet sich das Lied erstmals im Erstdruck des Stücks von 1949. In der 1. Niederschrift lautet der Titel noch »Das

Lied vom Abwarten« (Szene 5a; BBA 490/52). Die Verse wurden 1941 von Paul Burkhard, 1946/48 von Paul Dessau vertont.

58,18 (49,3) *Häuslertochter:* Häusler: traditionelle Bezeichnung für einen Dorfbewohner, der ein kleines Haus ohne Land besitzt oder der bei einem anderen zur Miete wohnt.

58,20 (49,5) *Und bestellte meine Suppe ohne Haare:* Dem Satz liegt die Wendung »Haare in der Suppe finden« zugrunde, d. h. etwas zu beanstanden haben.

59,3 (49,17) *Der Mensch denkt: Gott lenkt:* Die sprichwörtliche Redensart geht auf die mittellateinische Wendung »Homo proponit, sed Deus disponit« zurück. Die Grundlage ist Spr. 16,9: »Des Menschen Herz erdenkt sich seinen Weg; aber der HERR allein lenkt seinen Schritt« und Spr. 19,21: »In eines Mannes Herzen sind viele Pläne; aber zustande kommt der Ratschluss des HERRN.« Vgl. auch Spr. 20,24. Zur Überlieferung vgl. Karl Friedrich Wilhelm Wander (Hrsg.), *Deutsches Sprichwörter-Lexikon*, Bd. 3, Leipzig 1873, Sp. 593. Brecht ersetzte das sonst übliche Komma (mitsamt der Konjunktion »aber«) durch einen Doppelpunkt. Durch diese äußerlich geringfügige, inhaltlich aber schwerwiegende Änderung erhält die Wendung einen Sinn, der dem Ausdruck christlicher Gottergebenheit gegenläufig ist.

60,3 (50,5) *Man muß sich nach der Decke strecken:* d. h. eigtl. nach der Bettdecke, der sich der Liegende anpassen muss, wenn er nicht frieren will.

60,19 (50,21) *Leck mich am Arsch:* vgl. den berühmt-berüchtigten Ausspruch des Götz von Berlichingen: »Er aber, sags ihm, er kann mich im Arsch lecken« (Johann Wolfgang Goethe, *Götz von Berlichingen mit der eisernen Hand. Ein Schauspiel* [1773], 3. Akt, Szene ›Jaxthaussen‹).

5 (1631: Zerschossenes Dorf)

61,5f. (50,32) *Tillys Sieg bei Magdeburg:* Johann Tserclaes Tilly (1559–1632, seit 1623 Graf von Tilly), seit 1610 Feldherr der katholischen Liga, wurde nach der Absetzung Albrecht von Wallensteins (1583–1634) 1630 zum Generalissimus der kaiserlichen und ligistischen Truppen bestellt (vgl. Kap. II,1b). Am 20. Mai 1631 erstürmte und verwüstete er das protestantische Magdeburg, dessen Bürger im August 1630 ein Bündnis mit Gustav Adolf abgeschlossen hatten.

61,12f. (51,1f.) *Kein Geld, kein Schnaps:* Abwandlung des Sprichworts »Kein Geld, keine Ware«.

61,17f. (51,6) *zum Plündern freigegeben:* Dem Grundsatz gemäß »Der Krieg ernährt den Krieg« war das Plündern zumal in den späteren Jahren des Dreißigjährigen Krieges eine bei allen politischen Parteien gängige Praxis zur Versorgung der Armeen.

61,27f. (51,16f.) *Ich zerreiß … nicht meine Offiziershemden:* In der 1. Niederschrift gibt die Courage das Hemdleinen noch freiwillig zum Verbinden der Verwundeten her (vgl. *Versuche*, H. 9, 1949, S. 80f. und Kap. IV,1 des vorliegenden Bandes). Vgl. ganz ähnlich das Verhalten der Titelfigur in *Die Gewehre der Frau Carrar* (1937 [hektographiert]; GBA 4,314).

62,14 (51,33) *herausklauben:* (landschaftl.) etwas einzeln aus einer Fülle klauben, d. h. mühsam zusammenlesen, aufheben.

62,23 (52,3) *Krampen:* Das Schimpfwort hat verschiedene Bedeutungen: ›Prostituierte‹ – vermutlich nach *Krampe* (süddt., österr. *Krampn*) ›altes‹ oder ›schlechtes Pferd‹, ›Versager‹ (Heinz Küpper, *Illustriertes Lexikon der deutschen Umgangssprache*, Bd. 5, Stuttgart 1984, S. 1630) –, »kleiner im Wachstum zurückgebliebener Mensch, kleiner Kerl; bes. kleines Kind, meist mit dem Nebenton des Unartigen, Eigensinnigen, auch Verschmitzten, wie Racker« (*Schwäbisches Wörterbuch*, bearb. von Hermann Fischer, Bd. 4, Tübingen 1914, Sp. 678).

63,2 (52,15) *Aasens:* aasen: verschwenderisch umgehen.

63,14 (52,26) *Das Blut kommt durch:* doppeldeutig und sowohl mit Bezug auf die Wunde des verletzten Bauern als auch mit Bezug auf Kattrin und ihren, wie der Feldprediger meint, biologisch begründeten Kinderwunsch zu verstehen.

63,20 (52,31) *Pschagreff: psiakrew* (poln., wörtl. ›Hundeblut‹) ›Verdammt noch mal!‹

6 (Vor Ingolstadt 1632: Marketenderzelt)

64,2–4 (53,2–4) *Vor der Stadt Ingolstadt … Tilly bei:* Tilly wurde bei dem Versuch, das Vordringen der schwedischen Truppen nach Bayern zu verhindern, am 15. April 1632 in der Schlacht bei Rain am Lech unweit von Ingolstadt schwer verwundet. Er starb am 30. April an seinen Verletzungen in Ingolstadt, wohin die bayerische Armee nach der Niederlage ihre Zuflucht genommen hatte, und wurde in der Kirche des dortigen Jesuitenkollegs beigesetzt. Später wurde er nach Altötting umgebettet (vgl. Anm. zu 10,3).

64,14 (53,13) *Inventur:* Bestandsaufnahme des Vermögens eines Unternehmens.

64,19f. (53,18) *Es war Nebel auf der Wiesen, der war schuld:* Möglicherweise liegt hier eine Verwechslung Brechts vor: Nicht von Tilly, sondern von Gustav Adolf ist überliefert, dass er in der Schlacht in einen Nebel geriet, hilflos ins Ungewisse ritt und später tödlich verletzt wurde.

65,12 (53,39) *Leibriemen:* (veraltet) Gürtel.

65,17 (54,5) *Chargen:* militärische Vorgesetzte, besonders Unteroffiziers- und Offiziersränge. Die Bezeichnung wurde im 17. Jh. aus dem Französischen entlehnt.

65,23 (54,10) *defilierens:* defilieren: parademäßig an jemanden oder etwas vorüberziehen.

65,24–66,2 (54,11–22) *Mir tut so ... hab ich recht?:* vgl. entsprechend die Worte Schweyks gegen Schluss der 1. Szene von Brechts gleichnamigem Stück (GBA 7,191 f.).

65,34–66,2 (54,20–22) *denn die Kaiser ... und dem Volk:* vgl. dazu das Gedicht »Fragen eines lesenden Arbeiters« (GBA 12,29).

66,30 (55,9 f.) *Schlamassel:* (jidd.; umgangsspr.) Unglück; verfahrene, schwierige Situation.

66,30 f. (55,10 f.) *Und dann kann ... dem Dreck ziehn:* Abwandlung der Redensart »den Karren aus dem Dreck ziehen«.

66,32 (55,11) *der Papst:* seit 1623 Urban VIII. (Maffeo Barberini, 1568–1644).

67,2–23 (55,15–38) *Ein Schnaps, Wirt ... fürn Kaiser sterben:* entstanden 1939, erstmals veröffentlicht 1940 im Vorabdruck der 6. Szene des Stücks (GBA 14,445). Brecht erwog zeitweilig, die Verse, die auch unter dem Titel »Reiterlied« verbreitet sind, durch das 1943 geschriebene Lied »Als wir kamen vor Milano« (GBA 15,84 f.) zu ersetzen. Paul Burkhard vertonte die 1. Strophe (1941). Eine Komposition für alle vier Strophen schrieb Paul Dessau 1948.

67,14 (55,27) *Böhmen:* historische Landschaft in Mitteleuropa, wurde seit dem 16. Jh. von Habsburg beherrscht.

68,26 (56,28) *Jesses:* Ausruf; durch Assimilation aus *Jesus* entstanden.

70,27 (58,14) *Donschuan:* (phonetische Schreibweise) Don Juan, das Sinnbild des Frauenverführers. Die erste literarische Gestaltung findet sich in Tirso de Molinas Schauspiel *El burlador de Sevilla y convidado de piedra* (uraufgef. um 1624, gedruckt 1630, ›Der Spötter von Sevilla oder der steinerne Gast‹).

71,12 f. (58,34) *Endsieg:* Schlagwort der deutschen Propaganda im Ersten und Zweiten Weltkrieg, mit dem der

Sieg in aussichtsloser militärischer Situation beschworen wurde. Hitler verwendet die Parole auch in *Mein Kampf* (2 Bde., 1925/27). Das Wort »Endsieg« taucht erst in der 2. Auflage der *Versuche* (H. 9, 1950, S. 53) auf. Davor benutzte Brecht einfach »Sieg« (vgl. *Versuche*, H. 9, 1949, S. 52).

73,14–16 (60,20–22) *Das ist wie … ihres Lebens freun:* Anspielung auf ein Gleichnis des chinesischen Philosophen Dschuang Dsi (4. Jh. v. Chr.) aus *Das wahre Buch vom südlichen Blütenland* (aus dem Chin. verdeutscht und erl. von Richard Wilhelm, Jena 1912), vgl. z. B. die Texte »Der unnütze Baum«, »Der knorrige Baum« und »Das Leiden der Brauchbarkeit« (S. 7; 34 f.; 35). Brecht bezieht sich auf dieses Gleichnis, das an eine alte Volksweisheit anknüpft (»Sei biegsam wie ein Baum«), auch in *Der gute Mensch von Sezuan* (5. Zwischenspiel; GBA 6,241).

74,9 (61,5) *geschoppt:* schoppen: (süddt., österr.) etwas vollstopfen.

7 (Landstraße)

75,7 f. (61,15) *Silbertalern:* Taler, alte Großsilbermünze, die vom Ende des 15. bis in das 19. Jh. als Äquivalent für den Goldgulden geprägt wurde (vgl. Anm. zu 10,8). Der Name leitet sich von dem böhmischen Münzort Sankt Joachimsthal ab.

75,10 (61,18) *Es heißt, er vertilgt die Schwachen:* Anspielung auf die sozialdarwinistische, vom Nationalsozialismus für seine machtpolitischen Ziele aufgegriffene und im Sinne der Rassenlehre gedeutete Ansicht, dass sich im »Kampf ums Dasein« das »Recht des Stärkeren« durchsetze. Der Krieg diente danach in gesteigertem Maße der sozialen Auslese.

75,14–17 (61,21–24) *Und geht er … ists mit Blei:* Brecht ergänzte diese Verse nach der Züricher Uraufführung (einschließlich 75,9–12 [61,17–19] und 75,18 f. [61,25 f.]).

8 (1632: Feldlager)

77,2f. (62,2f.) *fällt der Schwedenkönig Gustav Adolf in der Schlacht bei Lützen:* In dieser Schlacht besiegte das schwedische Heer die Truppen Wallensteins, der sich anschließend nach Böhmen zurückzog. Gustav Adolf wurde am 16. November 1632 getötet.

77,30f. (62,29f.) *daß Friede ausgebrochen ist:* ironisch, in Analogie zur Redensart »Der Krieg ist ausgebrochen«, gegen die Brecht in den *Flüchtlingsgesprächen* Ziffel polemisieren lässt (13. Kap., entst. 1942; GBA 18,286): Sie suggeriert, der Krieg sei eine von Menschen nicht verantwortete Naturkatastrophe.

78,11 (63,1) *Marandjosef:* Ausruf; durch Assimilation aus der Fürbitteformel »Maria und Josef« entstanden.

80,4 (64,17f.) *Schmalger:* »Der die Speisen durch einander schüttelt, rührt oder zusammenwirft«; auch »Schwätzer, Schmeichler« (*Schwäbisches Wörterbuch*, bearb. von Hermann Fischer, Bd. 5, Tübingen 1920. Sp. 972). In Erich Engels Regiebuch zur Berliner Erstaufführung (BBA 484/121) ist das Wort handschriftlich durch »Quatschkopp« ersetzt; im Soufflierbuch der Aufführung des Berliner Ensembles finden sich ursprünglich die Worte »Aufschneider und Schmierlapp«; sie sind handschriftlich in »Uschnieder und Smerlapp« korrigiert, in Anlehnung an das Niederländische, da Ernst Busch, der Darsteller des Kochs, die Rolle mit holländischem Akzent spielte (BBA Z 1/535).

81,5 (65,10) *nachgerad:* hier: nach und nach, allmählich, schließlich.

81,6 (65,10) … *Handel mit was:* In der 1. Niederschrift folgte ein kleines Geplänkel. Vgl. Kap. IV,3 des vorliegenden Bandes.

81,19 (65,22f.) *sein Leben in die Schanz schlägt:* (veraltet) sein Leben aufs Spiel setzt. Das Wort *Schanze* meint hier nicht ›Wehrbau‹, sondern geht auf altfrz. *cheance* zurück, das ›Glückswurf‹, ›Spieleinsatz‹ bedeutet. Die ursprüngliche Bedeutung der Wendung ist also ›aufs Spiel setzen‹.

82,10 (66,6) *Sacktuch:* (süddt., österr.) Taschentuch.

82,14f. (66,10f.) *Wer mitn Teufel … Löffel haben:* sprichwörtliche Redensart. Sie findet sich schon in Shakespeares *Comedy of Errors* (entst. zwischen 1591 und 1594; ›Komödie der Irrungen‹): »he must have a long spoon that must eat with the devil« (IV,3).

82,29 (66,24) *ins Aschgraue:* (umgangsspr.) ins Unvorstellbare.

83,26 (67,16f.) *Starhemberg:* Brecht entlehnte den Namen einem altadligen österreichischen Geschlecht, das sich auch am Dreißigjährigen Krieg beteiligte. Möglicherweise enthält die Namenswahl eine aktuelle Anspielung. Ein Nachfahre, Ernst Rüdiger von Starhemberg, nahm 1923 am Hitlerputsch in München teil, engagierte sich in der Heimwehr und war 1934–1936 Vizekanzler in den Kabinetten Dollfuß und Schuschnigg. Er setzte sich für die Errichtung eines autoritären Ständestaates in Österreich ein. Nach dem »Anschluss« (1938) musste er emigrieren. – Der Name taucht bereits in der handschriftlichen Korrektur der 1. Niederschrift auf; er ersetzt den zunächst gewählten Namen »Löwenhock« (BBA 490/80).

85,30 (69,2) *Gottes Mühlen mahlen langsam:* Der Feldprediger zitiert den Anfang des 1. Verses des Sinngedichtes »Göttliche Rache« von Friedrich von Logau (1604–1655). Der vollständige Text des Epigramms lautet: »Gottes Mühlen mahlen langsam, mahlen aber trefflich klein; / Ob auß Langmuth er sich seumet, bringt mit Schärff er alles ein« (F. v. L., *Sämmtliche Sinngedichte*, hrsg. von Gustav Eitner, Stuttgart/Tübingen 1872, reprogr. Nachdr. Hildesheim / New York 1974, S. 465). Logaus Quelle ist vermutlich Sextus Empiricus (um 200 n. Chr.).

86,6 (69,10f.) *durch Feuer und Schwert:* biblische Ausdrucksweise; im Alten Testament sind »Feuer« und »Schwert« Zeichen des göttlichen Zorns und Strafgerichts. Die Paarformel kommt allerdings nur im – zu den Apokryphen gerechneten – 1. Buch der Makkabäer (10,85) vor und in umgekehrter Reihenfolge.

86,22 (69,25) *Piketten (Picketten):* Pickette: (frz.; veraltet) eigtl. Vorposten, auch kleinere Abteilung meist berittener Soldaten. Vermutlich handelt es sich hier um eine Eigenprägung Brechts, abgeleitet von *Pike*, der Bezeichnung für eine vorwiegend im 16. und 17. Jh. verwendete, aus langem Schaft und aufgesetzter Spitze bestehende Stangenwaffe, mit der die Pikeniere, eine Truppengattung des Fußvolks, ausgerüstet war.

87,8 (70,5) *Profos:* Verwalter der Militärgerichtsbarkeit im Offiziersrang, besonders in den Söldnerheeren des 16. und 17. Jh.s. Ihm unterstanden der Stockmeister (vgl. Anm. zu 55,28), die Steckenknechte (Polizeidiener) und der Scharfrichter des Regiments. Er kontrollierte zuweilen auch den Handel zwischen Marketendern und Soldaten.

89,15 (71,36) *Wos raucht, ist Feuer:* vgl. das Sprichwort »Kein Rauch ohne Feuer«.

89,25 (72,6) *Metz:* Stadt in Lothringen; die deutsche Reichsstadt fiel im 16. Jh. an Frankreich, dem der Besitz im Westfälischen Frieden bestätigt wurde.

89,27 (72,8) *Der Krieg wird seinen Mann ernähren:* Abwandlung des Sprichworts »Das Land ernährt seinen Mann«.

89,29 (72,10) *Von Blei allein kann er nicht leben:* Abwandlung des biblischen Sprichworts »Der Mensch lebt nicht vom Brot allein« (Mt. 4,4; vgl. 5. Mose 8,3), das Brecht schon in der *Dreigroschenoper* variierte (2. Finale; GBA 2,284).

89,32 (72,13) *Sonst steht er um:* vgl. Anm. zu 10,7.

9 (Fichtelgebirge Herbst 1634: Halbzerfallenes Pfarrhaus)

90,3f. (72,17f.) *Über die Hälfte … hat Deutschland eingebüßt:* Diese Angaben stützen sich auf die ältere Forschung und waren schon bei der Abfassung des Stücks überholt. Die jüngere Forschung schätzt die durch den Krieg erlittenenen Bevölkerungsverluste weitaus geringer ein (vgl. C. V. Wedgwood, *Der Dreißigjährige Krieg*, München 1967, S. 443–448 [zuerst 1938]. Vgl. auch Kap. II,1b, S. 62 des vorliegenden Bandes).

90,13 (72,26) *Utrecht:* Stadt und Provinz in den Niederlanden, deren Name mit dem Freiheitskampf seiner Bevölkerung im 16. Jh. verbunden ist. 1579 schlossen sich die sieben nördlichen Provinzen der Niederlande in der Union von Utrecht zusammen, 1581 sagten sie sich von Spanien und dem Hause Habsburg los.

91,9 (73,12) *Klafter:* alte deutsche Maßeinheit, hier des Raumes, ca. 3 m^3.

91,19 (73,22) *Wegzehrung:* (gehoben) Essensvorrat für den Weg; in übertragener Bedeutung auch die letzte Kommunion, die dem Sterbenden gereicht wird (lat. *viaticum*).

91,19 (73,22) *ausbieten:* hier (selten): zum Verkauf anbieten.

92,31 (74,25) *in dem Alter:* Kattrin ist etwa 30 Jahre alt. Vgl. 52,7f. (44,33).

93,15 (75,3) *Lied von Salomon:* Das Lied geht auf den »Salomo-Song« aus der *Dreigroschenoper* zurück (III,7; GBA 2,293f.; bei der Einzelveröffentlichung der Songs umbenannt in »Die Ballade von den Prominenten«, 1928; GBA 11,146f.). Der Song wird hier von der Spelunken-Jenny gesungen. Brecht wählte die 1. und die 3. Strophe über Salomon und Cäsar aus und ergänzte sie 1939 um drei neue Strophen über Sokrates, den heiligen Martin und die ordentlichen Leute. Angeregt wurde Brecht zu dem Lied von François Villons »Ballade von den Torheiten der Liebe« (eigtl. »Double ballade sur le mesme propos«, ›Doppelballade über denselben Gegenstand‹ [der unmittelbar vorher behandelt wurde]) aus dem *Großen Testament* (*Le Grant Testament*, 1489), die er in der Übersetzung K. L. Ammers (d. i. Karl Klammer) kannte (in: F. V., *Des Meisters Werke*, Leipzig 1907, S. 55 f.): Brecht übertrug Villons Warnung vor den Enttäuschungen der Liebe in die Warnung vor der Gefährlichkeit der Tugenden. Die in jeder Strophe wiederkehrende Schlusszeile ist wörtliches Zitat. In der 1. Niederschrift des Stücks und in der Erstveröffentlichung in den *7 Liedern* (1948; unter dem Titel »Salomon Song«) fehlt die Strophe über den heiligen Martin noch (GBA 14,451 f.). Das Lied wurde von Kurt Weill (1928), Paul Burkhard (1941) und Paul Dessau (1946/48) vertont. Im *Couragemodell 1949* wird es als »Lied von den Anfechtungen großer Geister« oder auch als »Bettellied« bezeichnet (GBA 25,224). – Zur Funktion des Liedes im Stückkontext vgl. die in Kap. VII,3 des vorliegenden Bandes zitierten Auszüge aus dem Aufsatz von Hans Mayer (1952).

93,15 (75,3) *Salomon:* Salomo (hebr., eigtl. etwa ›der Friedliche‹), König von Israel (Regierungszeit um 965–926 v. Chr.), Sohn Davids und der Bathseba. Ihm werden Bücher und einzelne Dichtungen zugeschrieben (darunter aus dem Alten Testament »Sprüche«, »Prediger«, »Hoheslied« »Weisheit« und einzelne Psalmen). Salomo gilt als Idealbild des mächtigen und weisen Herrschers, in der bildenden Kunst auch als typologisches Urbild für Christus. Brecht bezieht sich in seinen Werken mehrfach auf ihn.

93,15 (75,3) *Julius Cäsar:* Gaius Iulius Caesar (100–44 v. Chr.), römischer Feldherr und Staatsmann. Brecht beschäftigte sich mit ihm wiederholt, vgl. das Romanfragment *Die Geschäfte des Herrn Julius Caesar* (entst. 1937–40; GBA 17,163–347), die Erzählung *Cäsar und sein Legionär* (entst. 1942; GBA 18,389–404) und das Filmexposé *Caesars letzte Tage* (entst. 1942; GBA 20,62–79 bzw. 79–88).

93,24 (75,11) *daß alles eitel war:* vgl. Pred. 1,2: »Es ist alles ganz eitel«; *eitel* (gehoben, veraltend) ›nichtig, vergeblich‹. Zum weiteren Zusammenhang der Strophe vgl. auch Pred. 1,18 und 2,17: »Denn wo viel Weisheit ist, da ist viel Grämen, und wer viel lernt, der muss viel leiden. [...] Darum verdross es mich zu leben, denn es war mir zuwider, was unter der Sonne geschieht, dass alles eitel ist und Haschen nach Wind.« Der unbekannte Autor des Prediger-Buches, der sich »Sohn Davids, König zu Jerusalem« nennt (Pred. 1,1), womit Salomo gemeint ist, wird durch die Erfahrung, dass alles menschliche Streben unzulänglich ist, in eine schwere Krise gestürzt. Er findet jedoch einen Ausweg aus seiner Verzweiflung: in dem Genuss der Gegenwart als einer Gabe Gottes (Pred. 9,7–10). – Das Zitat begegnet häufig im Barock, vgl. z. B. Andreas Gryphius' Gedicht »Es ist alles eitel« aus den *Lissaer Sonetten* (1637), von dem sich ein Zeitungsabdruck in Brechts Nachlass findet (BBA 122/38).

93,30 (75,17) *Alle Tugenden sind … auf dieser Welt:* zu Brechts Kritik an der Tugendethik vgl. bereits das 1. Finale in der *Dreigroschenoper* (GBA 2,261–263). Vgl. auch Anm. zu 26,1–4.

94,11 (75,29) *Auch du, mein Sohn:* Angeblich soll Cäsar diese Worte bei seiner Ermordung (44 v. Chr.) seinem Freund und Kampfgefährten Marcus Iunius Brutus zugerufen haben, als er ihn unter den Verschwörern entdeckte, die mit dem Dolch auf ihn eindrangen. Der römische Schriftsteller Gaius Suetonius Tranquillus überliefert sie in dieser Form im 1. Buch seines Werkes *De vita Caesarum* (119–121; ›Die zwölf Cäsaren‹, Kap. 82), bezweifelt aber zugleich ihre Authentizität.

94,22 (75,39) *Sokrates:* griechischer Philosoph (um 470–399 v. Chr.) aus Athen. Er wurde angeklagt, die

Staatsgötter missachtet und die Jugend verführt zu haben. Dafür wurde er zum Tode durch den Giftbecher verurteilt (vgl. Anm. zu 94,26). Sokrates verfasste keine Schriften. Leben und Lehre sind vor allem aus den Dialogen seines Schülers Platon bekannt. Brecht machte ihn zur Hauptfigur in seiner in den *Kalendergeschichten* (1949) publizierten Erzählung *Der verwundete Sokrates* (entst. Ende 1938; GBA 18,410–425).

94,26 (76,4) *Schierlingstrank:* Trank, der aus dem Schierling, einer Giftpflanze, gewonnen wird. Er war in der Antike zur Hinrichtung gebräuchlich, vgl. Platons Beschreibung von Sokrates' Tod am Anfang seines Dialogs *Phaidon* (57a–59c).

95,6 (76,15) *heilige Martin:* Martinus (316/317–397), Soldat in Gallien, Einsiedler, später Bischof von Tours (seit 372), Schutzpatron u. a. der Soldaten und Reisenden. Die Legende erzählt, dass Martin als Soldat seinen Mantel mit dem Schwert zerteilte, als ihm im Winter ein nackter Bettler um Erbarmen anflehte (vgl. 95,9 [76,18]). Dass beide erfroren, ist eine Erfindung Brechts.

95,25 (76,33) *zehn Gebot:* vgl. 2. Mose 20,2–17.

95,29 (76,37) *kreuzbrav:* Steigerung von brav; sehr redlich, bieder, bescheiden.

96,1 (77,1) *Gottesfurcht:* Forderung der Bibel an die Gläubigen; nur wer Gottesfurcht hat, so Luther, kann die göttlichen Gebote erfüllen (vgl. 1. Mose 22,12; Ps. 128,1; Sprüche 1,7).

96,3 (77,3) *Brennsupp:* (süddt.) Suppe aus Mehl, das in Fett gebräunt wird.

96,20 (77,20) *arrangiert:* ordnet an, stellt zusammen.

96,32 f. (77,31) *In dem Krieg is noch allerhand für uns drin:* Der Satz war in der Berliner Erstaufführung gestrichen. In der Inszenierung an den Münchener Kammerspielen (1950) wurde er wieder gesprochen (vgl. S. 111.

97,4 (77,35) *Laufpaß:* ursprünglich der Pass, der bei der Entlassung aus dem Militärdienst mitgegeben wurde; Entlassungsschein.

10 (1635: Landstraße in Mitteldeutschland)

98,10–23 (78,20–34) *Uns hat eine Ros ergetzet ... Schneewind wehen:* entstanden 1939, 1948 unter dem Titel »Lied von der Bleibe« erstmals veröffentlicht (*7 Lieder*; GBA 14,447). Im Drehbuch von 1955 wird es als »Lied eines unbekannten Mädchens« bezeichnet (GBA 20,383f.). Der Text nimmt das Motiv des Rosengartens auf, das sowohl in der religiösen Volkskunde als auch im weltlichen Liebeslied stark verbreitet ist. Er wurde von Paul Burkhard (1941), Paul Dessau (1946/48; Neubearbeitung 1954) und Gottfried von Einem (1959, zusammen mit dem »Horenlied« unter dem Titel »Das Stundenlied«, op. 26) vertont.

11 (Januar 1636: Bauernhof vor der Stadt Halle)

99,2f. (79,2f.) *Die kaiserlichen Truppen ... evangelische Stadt Halle:* Ende Januar überfielen kursächsische und kaiserliche Truppen das von den Schweden kurz vorher besetzte Halle, das ein wichtiger militärischer Stützpunkt war. Brecht vereinfacht den historischen Konflikt und spitzt ihn hier auf den Religionsgegensatz zu. Die Bürger der Stadt hatten 1630 den Treueid auf Gustav Adolf geleistet. Nach dem Prager Frieden, der 1635 zwischen Kursachsen und dem Kaiser geschlossen wurde (vgl. Kap. II,1b), war Halle, das sich dem Schutz eines kursächsischen Prinzen unterstellt hatte, ins antischwedische Lager gewechselt. Aufgrund der älteren Bündnisverpflichtung hatten sich die Schweden berechtigt gesehen, in die Stadt einzumarschieren.

99,3 (79,3) *Der Stein beginnt zu reden:* Anspielung auf die

Kattrin trommelt
Zeichnung zur 11. Szene von Tadeusz Kulisiewicz

Antwort, die Jesus beim Einzug in Jerusalem den Pharisäern gab, als diese ihn aufforderten, er möge seinen Jüngern Einhalt gebieten, die in ihm ihren König begrüßten: »Wenn diese werden schweigen, so werden die Steine schreien« (Lk. 19,40). Bei Brecht ist Kattrin gemeint, von der die Courage sich schon vorher gewünscht hat, dass sie unauffällig »wie ein Stein in Dalarne« sei (42,13 f. [36,30 f.]). Vgl. zu dieser Szene auch den Text »Der Stein beginnt zu reden«, den Brecht nach der Einstudierung des Stücks am Berliner Ensemble 1951 schrieb (GBA 24,267–270).

99,9 (79,9) *Fähnrich:* in den Söldnerheeren des 16. und 17. Jh.s der Fahnenträger des Fähnleins (vgl. Anm. zu 7,11). Meist war es der jüngste Offizier der Einheit. In der Inszenierung des Berliner Ensembles von 1951 war der Fähnrich »der aufmuckende junge Soldat der 4. Szene«. »Die Lektion der Courage und einige andere Lektionen scheinen gewirkt zu haben«, schreibt Brecht im *Couragemodell 1949*: »Die große Kapitulation hat diesen Menschen zu einem leeren, kalten und brutalen Offizier gemacht« (GBA 25,236).

99,10 (79,9 f.) *in schwerem Eisen:* in schwerer (Eisen-)Rüstung.

99,12 (79,13) *Spieß:* vgl. Anm. zu 27,10 *Spieß.*

100,19 (80,9) *zum Alten:* Im Erstdruck wird der im Folgenden auftretende Bauer als »Der Alte« bezeichnet (*Versuche*, H. 9, 1949, S. 72).

101,2 (80,22 f.) *Gepanzerte:* mit einem Harnisch, einem metallenen Körperschutz, versehene Krieger zu Fuß oder zu Pferd.

101,26 f. (81,5) *Vater unser, der du bist im Himmel:* vgl. Mt. 6,9.

102,16 (81,27) *Kreatur:* (lat.) Geschöpf, Lebewesen; auch bedauernswerter, verachtenswerter Mensch.

102,17 f. (81,28 f.) *Und vergib … unsern Schuldigern:* vgl. Mt. 6,12.

103,15 f. (82,21) *herunter ...:* Im Erstdruck fordert der Fähnrich anschließend den Bauern auf, ihm beim Schleppen zu helfen. Es folgt die Beschreibung eines stummen Spiels: Die Bäuerin fällt auf die Knie und betet. Dann kehren die Männer mit einem Stamm zurück. Sie versuchen vergeblich, Kattrin vom Dach zu vertreiben (*Versuche*, H. 9, 1949, S. 75).

103,30 f. (82,33 f.) *Der junge Bauer .... wegen ihrer Mutter:* Die Stelle wurde in der korrigierten Neuauflage ergänzt (*Versuche*, H. 9, 1950, S. 76).

104,24 (83,19 f.) *Kugelbüchs:* Die beim Fußvolk im Dreißigjährigen Krieg übliche Handfeuerwaffe war die Muskete, ein Vorderlader mit langem Lauf und Luntenschloss. Da der Ladevorgang umständlich und relativ langwierig war, der Schütze zudem während dieser Prozedur eine brennende Lunte halten musste, wurde eine Gabel verwendet, die in den Boden gesteckt wurde. Auf ihr konnte die Waffe bequem abgelegt werden (105,21 [84,8 f.]). Brecht empfahl den Regisseuren, den komplizierten Ablauf szenisch auszunutzen. In den »Feststellungen bei der Verwendung des Berliner Modells in München (September 1950)« heißt es: »Gut wäre es, Aufstellung, Richtung und Abfeuerung der Kugelbüchse mit Genauigkeit, als technischen Arbeitsvorgang (umständlich zur damaligen Zeit) zu zeigen. Ein solcher Aufenthalt steigert das innere Tempo der Szene.« (GBA 24,265–267, hier S. 266)

105,31 (84,18) *Sie hats geschafft:* Anlehnung an die letzten Worte Jesu: »Es ist vollbracht!« (Joh. 19,30)

12 (Vor dem Planwagen)

106,10 f. (84,31 f.) *Eia popeia / Was raschelt im Stroh?:* Brecht entnahm diese Zeilen leicht verändert einem alten Volkslied, das unter dem Titel »Wiegenlied« in der von Achim von Arnim und Clemens Brentano herausgegebenen Sammlung *Des Knaben Wunderhorn* überliefert ist (*Alte deutsche Lieder*, Bd. 3: *Kinderlieder. Anhang zum Wunderhorn*, Heidelberg 1808, S. 66 f.). Bereits in *Baal* spielt Brecht auf das Wiegenlied an (1. Fassung 1919; GBA 1,17–82, hier S. 60). Bei der Uraufführung der *Mutter Courage* wurde wahrscheinlich die traditionelle Musik verwendet. Paul Dessau vertonte die Verse 1946/48. Im *Couragemodell 1949* wird es als »Kattrins Wiegenlied« bezeichnet (GBA 25,237).

106,12 (84,33) *Bälg:* Bälge, Plural von *Balg* (eigtl. ›Schlauch‹, ›Sack‹, ›abgezogene Tierhaut‹), hier: (unartige) Kinder.

106,25 (85,7) *… ist werweißwo:* In der GBA folgt auf den letzten Vers – der Textgrundlage entsprechend – Mutter Courages Satz: »Jetzt schlaft sie.«

107,2 (85,11) *Schnitt machen:* Gewinn erzielen; die Redewendung bezieht sich ursprünglich auf die Getreideernte (Schnitt).

107,7 (85,15) *Marodöre:* (frz. *marodeur* ›räuberischer Soldat‹) plündernde Nachzügler einer Truppe.

107,9 (85,16) *Blache:* (süddt., österr.) Plane aus grober Leinwand.

107,19–22 (85,26–29) *Sie zählt dem Bauer … Eilen Sie sich (… Bauern … Die Bauersleute geben ihr die Hand, und der Bauer und sein Sohn tragen Kattrin weg …):* Die Stelle wurde in der korrigierten Neuauflage ergänzt (*Versuche*, H. 9, 1950, S. 79).

107,25 f. *Ich muß wieder in'n Handel kommen:* Der Satz fehlt in der Textgrundlage der GBA. Er taucht zum ersten Mal in Ruth Berlaus Rotterdamer Inszenierung (1950) auf (vgl. S. 123) und wurde von Brecht in die Aufführungen an den Münchener Kammerspielen (1950) und am Berliner Ensemble (1951) übernommen (mit »Geschäft« für »Handel«, vgl. *Couragemodell 1949*; GBA 25,241).

107,32–108,10 (85,37–86,9) *Mit seinem Glück … auf die*

Socken nun: Anstelle der Verse 5–7 heißt es in der 1. Niederschrift*:* »Er hat sein' Rock und hat sein Essen / Er kriegt sein' Lohn vom Regiment / Und was's noch gibt, wer kann's ermessen?« (GBA 14,683)

108,6 (86,5) *zu End:* In der 1. Niederschrift und im Erstdruck folgt: »MUTTER COURAGE (*ihren Wagen ziehend, singt mit*):« (*Versuche*, H. 9, 1949. S. 78). Die Stelle wurde in den späteren Ausgaben gestrichen.

II. Grundlagen und Anregungen

1. Die geschichtlichen Ereignisse

Obwohl der Untertitel des Stücks sich nur auf den Dreißigjährigen Krieg bezieht, ist der geschichtliche Handlungskontext nicht allein auf diesen militärischen Konflikt beschränkt. Ein weiterer Schauplatz ist der schwedisch-polnische Krieg, dessen siegreicher Ausgang es dem schwedischen König Gustav II. Adolf überhaupt erst ermöglichte, sich am Dreißigjährigen Krieg zu beteiligen.

a) Der schwedisch-polnische Krieg

Mutter Courage und ihre Kinder spielt zwischen 1624 und 1636. Die Szene ist Schweden, Polen und Mitteleuropa. Das Stück beginnt auf einem Nebenschauplatz der militärischen Auseinandersetzungen, abseits der Ereignisse des Dreißigjährigen Krieges in Dalarne, wenige Jahre vor der entscheidenden Wende im Kampf der Schweden gegen die Polen. Erst in der 5. Szene erreicht das Stück Mitteleuropa und das Reich, wo es auch endet.

Der schwedisch-polnische Krieg entwickelte sich aus Erbfolgestreitigkeiten im Hause Wasa, das eine protestantische und eine katholische Linie hatte. 1587 wurde der katholisch erzogene Sohn Johanns III. (und Enkel Gustav Wasas) und der Jagiellonin Katharina als Sigismund III. vom polnischen Adel zum König von Polen gewählt. Nach dem Tod seines Vaters (1592) erhielt er auch die schwedische Krone (1594). Sigismunds gegenreformatorische Politik rief Johanns Bruder, Herzog Karl von Södermanland, auf den Plan, der in der Ständeversammlung von den Bauern und dem größten Teil der Geistlichkeit unterstützt wurde. 1599 erreichte er im Reichstag die Absetzung Sigismunds, 1607 ließ er sich als Karl IX. in aller Form zum König von Schweden krönen.

Anlass für den Krieg zwischen beiden Ländern war die Abtretung des seit 1561 von Schweden beherrschten Estlands – des nördlichen Teils von Livland – an Polen, die die Bedingung für Sigismunds Wahl zum polnischen König gewesen war (1600). Darauf reagierten die Schweden mit der Besetzung ganz Livlands nördlich der Düna, aus dem sie aber schon bald wieder vertrieben wurden. Karls Sohn, Gustav II. Adolf, der 1611 die Thronnachfolge angetreten hatte, fiel 1617 mit seinem Heer erneut in Livland ein. 1621 gelang es den Schweden, Riga einzunehmen und damit die Kontrolle über die Region auszuüben. Alle Versuche der Polen, das baltische Handelszentrum zurückzugewinnen, scheiterten. Der schwedische Sieg bei Wallhof südöstlich von Riga in Kurland (17. Januar 1626) bedeutete den endgültigen Verlust Livlands für Polen, das diesen allerdings erst 1660 im Friedensvertrag anerkannte.

Da Sigismund trotz dieser Niederlage an seinem Anspruch auf die schwedische Krone weiterhin festhielt, dehnte Gustav Adolf die militärischen Angriffe auf die Häfen an der südlichen Ostseeküste aus, über die Polen seinen Export abwickelte. Dabei wurde auch Preußen in Mitleidenschaft gezogen, zumal dessen Hafenstädte mit ihren Zolleinnahmen für die Finanzierung der schwedischen Kriegführung unentbehrlich waren. Im Laufe des Jahres 1626 besetzten die Schweden nahezu die gesamte Küste des Landes. Lediglich Danzig leistete der Einnahme tatkräftig Widerstand, sodass Gustav Adolf seinen Plan aufgeben musste, den Krieg weiter nach Polen hineinzutragen. In dem von Frankreich vermittelten Waffenstillstand von Altmark (bei Marienburg in Ostpreußen, 26. September 1629) wurden den Schweden die meisten preußischen Hafenstädte zugesprochen; ein im folgenden Jahr mit Danzig abgeschlossener Sondervertrag sicherte Gustav Adolf darüber hinaus einen Teil der ertragreichen Zolleinnahmen der Stadt. Der schwedische König sah sich damit sowohl militärisch als auch finanziell in der Lage, in den Krieg gegen das Reich einzugreifen.

b) Der Dreißigjährige Krieg

Der Dreißigjährige Krieg war sowohl ein Kampf um die Vorherrschaft in Europa, besonders zwischen den Häusern Habsburg und Bourbon, als auch ein Kampf zwischen den Reichsständen und dem Kaiser um die Vorherrschaft im Reich. Diese Rivalitäten verflochten sich mit konfessionellen Gegensätzen zwischen Protestanten und Katholiken.

Gegenreformatorische Maßnahmen des Wiener Hofes lösten im Frühjahr 1618 einen Aufstand der böhmischen Stände aus, der von dem Heer Kaiser Ferdinands II. mit Hilfe der von Johann Tserclaes Tilly befehligten Armee der Liga, in der sich die katholischen Fürsten Süddeutschlands unter Führung Bayerns verbündet hatten, in der Schlacht am Weißen Berg bei Prag (8. November 1620) niedergeworfen wurde. Über die Aufständischen brach ein fürchterliches Strafgericht herein: Die Anführer wurden hingerichtet und der grundbesitzende protestantische Adel enteignet. Etwa 150000 Protestanten wanderten aus.

Von den militärischen Siegen beunruhigt, die die Kaiserlichen und die Ligisten, unterstützt von den spanischen Habsburgern und dem Papst, in den folgenden Jahren in vielen Teilen des Reichs errangen, schlossen sich 1625 die norddeutschen Protestanten unter der Führung des dänischen Königs Christian IV. zu einer Allianz zusammen. Trotz finanzieller Unterstützung aus Holland und England war dem Bündnis kein Erfolg beschieden. Bereits 1626 wurden seine Truppen von der von dem böhmischen Adligen Albrecht von Wallenstein aufgestellten kaiserlichen Söldnerarmee und dem von Tilly angeführten Heer der Liga besiegt. Die vereinigten Truppen der beiden Feldherrn unterwarfen anschließend Norddeutschland und stießen bis an die Ostsee vor. Im Frieden von Lübeck (22. Mai 1629) verpflichtete sich der dänische König bei Rückerhalt seiner besetzten Gebiete zur Nichteinmischung in die deutschen Streitigkeiten.

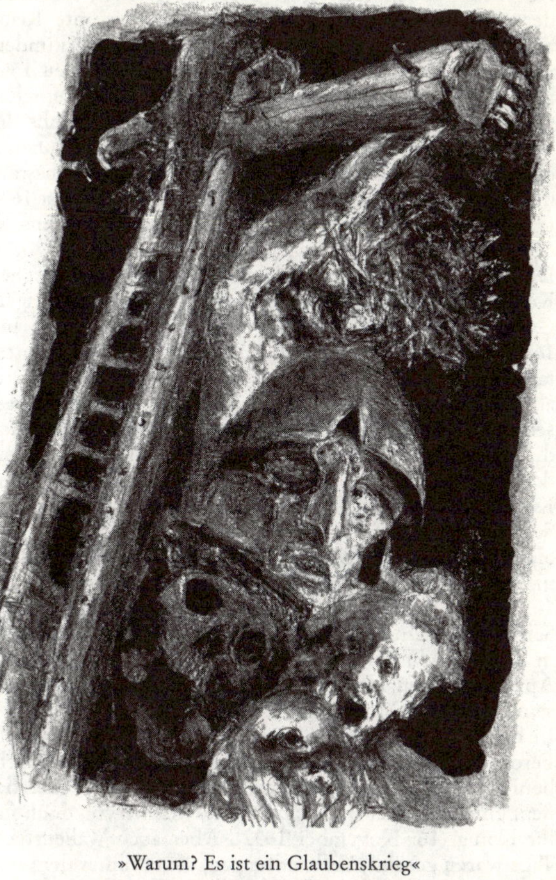

»Warum? Es ist ein Glaubenskrieg«
Lithographie von Bernhard Heisig

Auf dem Höhepunkt seiner Macht angelangt, versuchte der Kaiser, die Rekatholisierung auf das gesamte Reich auszudehnen. Das von ihm am 6. März 1629 verkündete »Restitutionsedikt« verlangte die Rückgabe aller seit 1552 bzw. 1555 von den Protestanten eingezogenen geistlichen Güter an die katholische Kirche. Der Machtzuwachs des Wiener Hofs führte indessen zu Protesten nicht nur der evangelischen, sondern auch der katholischen Reichsstände. Auf dem Regensburger Kurfürstentag im August 1630 erzwangen sie gemeinsam die Entlassung Wallensteins, in dem sie Ferdinands wichtigste Stütze sahen.
Der Sturz Wallensteins erleichterte es dem schwedischen König, mit seinem Heer nach Deutschland vorzudringen. Gustav Adolfs Landung auf der Insel Usedom (6. Juli 1630) stand zwar unter der Losung, den deutschen Protestantismus vor seiner Vernichtung zu bewahren; sie hatte aber nicht zuletzt ihren Grund darin, die Handelsinteressen der Schweden im Ostseeraum zu schützen, die durch die militärischen Erfolge der katholischen Partei im Norden bedroht waren. Unterstützt von dem protestantischen Kurfürsten Johann Georg I. von Sachsen errangen die Schweden bei Breitenfeld nordwestlich von Leipzig den Sieg über das seit der Entlassung von Wallenstein vereinigte kaiserlich-ligistische Heer unter Tilly (17. September 1631). Bei dem Versuch, das weitere Vordringen der Schweden nach Süddeutschland aufzuhalten, wurde Tilly in der Schlacht bei Rain am Lech schwer verwundet (15. April 1632). Im Mai 1632 marschierte Gustav Adolf mit seinem Heer in München ein.
In dieser bedrohlichen Situation wurde Wallenstein von Ferdinand erneut als General eingesetzt. Aus der Schlacht bei Lützen, in der die feindlichen Armeen aufeinanderstießen, gingen die Schweden zwar siegreich hervor, doch fiel ihr König (16. November 1632). Aber auch Wallensteins Tage waren gezählt. Verhandlungen, die er hinter dem Rücken des Kaisers mit den feindlichen Mächten führte,

brachten ihn in den Verdacht, sich vom Wiener Hof abzuwenden. Des Hochverrats bezichtigt, wurde er auf Geheiß Ferdinands am 25. Februar 1634 in der böhmischen Festung Eger ermordet. Nach der Niederlage, die die Kaiserlichen zusammen mit ligistischen und spanischen Truppen dem aus Schweden und Deutschen vereinigten Heer bei Nördlingen bereiteten (6. September 1634), kam es 1635 zum Frieden von Prag zwischen dem Kaiser und Kursachsen (30. Mai), dem in der Folgezeit nahezu alle Stände des Reichs beitraten. Das Restitutionsedikt wurde weitgehend zurückgenommen; dafür erhielt Ferdinand den Oberbefehl über ein von den Reichsständen finanziertes Heer zum Kampf gegen die Schweden.

Der Friedensschluss stärkte die Position des Kaisers. Dennoch brachte er nicht das ersehnte Ende der Feindseligkeiten auf deutschem Boden. Der Konflikt breitete sich vielmehr aus, wobei noch weitere Staaten hineingezogen wurden. Frankreich, das sich durch das Haus Habsburg zunehmend bedroht sah, erklärte im Mai 1635 Spanien den Krieg. Schon vorher hatten französische Truppen linksrheinische Reichsgebiete besetzt. Ungeachtet des religiösen Gegensatzes kämpften Frankreich und Schweden bis zum Kriegsende Seite an Seite gegen das Reich.

Die Friedensverträge von Münster und Osnabrück (Westfälischer Friede), mit deren Unterzeichnung am 24. Oktober 1648 der Dreißigjährige Krieg beendet wurde, bestätigten erneut das Recht der Territorialfürsten, die Religion ihrer Länder zu bestimmen. Darüber hinaus erlaubten sie es den Landesherren, Bündnisse mit fremden Staaten zu schließen, sofern sie nicht gegen Kaiser und Reich gerichtet waren. Durch Gebietserwerbungen im Westen und Norden sicherten sich Frankreich und Schweden, die als die eigentlichen Sieger aus den Friedensverhandlungen hervorgingen, starken Einfluss auf das Reich. Die Vereinigten Niederlande errangen ihre Unabhängigkeit von den Habsburgern und schieden, wie die Schweiz, aus dem

Reichsverband aus. Spanien verlor seine Vormachtstellung. Von der Bevölkerung Deutschlands hatte etwa ein Drittel ihr Leben verloren, weniger durch direkte Kriegshandlungen als vielmehr durch Hungersnöte und Seuchen. Auch die materiellen Kriegsschäden waren gewaltig, zahlreiche Städte, Dörfer und Schlösser waren zerstört oder schwer beschädigt. Starke Bevölkerungsverschiebungen und der Zustrom ausländischer Soldaten veränderten die Zusammensetzung der Gesellschaft. Die sozialen Hierarchien gingen letztlich gestärkt aus dem Krieg hervor. Neben den Landesfürsten gelang es besonders dem landbesitzenden Adel seine Machtposition auszubauen, auf Kosten der Bauern und Bürger, deren wirtschaftliche und politische Stellung nachhaltig geschwächt wurde.

2. Brechts Kenntnisse des historischen Stoffs

Brecht kannte den historischen Stoff sowohl aus literarischen als auch aus geschichtswissenschaftlichen Werken. Zum Unterrichtspensum des Gymnasiasten gehörte Friedrich Schillers »dramatisches Gedicht« *Wallenstein* (1800). 1911 besuchte Brecht auf Veranlassung der Schule eine Aufführung von *Wallensteins Tod* im Augsburger Stadttheater. Das Schauspiel, so erinnerte er sich 1928, sei »langweilig« gewesen: »Der Dreißigjährige Krieg war darin viel zu gemütlich aufgefaßt, und es steckte nach meiner damaligen Ansicht gar keine Menschenkenntnis darin« (»Erstes Theatererlebnis«; GBA 21,265–267, hier S. 266). In der Unterprima musste er sich erneut mit der Trilogie beschäftigen, besonders mit *Wallensteins Lager* (vgl. Frisch/Obermeier, S. 100–105). Die dort auftretende Marketenderin (»Gustel aus Blasewitz«) könnte ihm Anregungen für die Gestalt der Courage gegeben haben (vgl. Olsson 1988, S. 40–42; Thomson, S. 7–10). Der ostdeutsche Literaturwissenschaftler Günter Hartung meint sogar, in Brechts

Stück »einen sozialistischen ›Gegenentwurf‹« zu Schillers *Wallenstein* erkennen zu können (Hartung, S. 353).
Im Frühjahr 1921 erwähnte Brecht in seinem Tagebuch die Lektüre von Alfred Döblins Roman *Wallenstein* (1920), der ihm zunächst missfiel (5. März; GBA 26,181), an dem er später jedoch die »neue dialektische Behandlung von Massenvorgängen« lobend hervorhob (»Über Alfred Döblin«, entst. August 1943; GBA 23,23f., hier S. 23). Das Werk, das den geschichtlichen Zeitraum von der Schlacht am Weißen Berg (1620) bis zu Wallensteins Ermordung (1634) und dem Tod Kaiser Ferdinands (1637) umspannt, reflektiert im Medium der Historie die Erfahrung des Ersten Weltkriegs und seiner Greuel.
Der Roman schildert den Dreißigjährigen Krieg als eine zwar religiös begründete, in Wirklichkeit aber von Machtinteressen bestimmte Auseinandersetzung, in der die Entscheidungsgewalt des Einzelnen zunehmend hinter die unbeherrschbare Willkür eines sinnlosen Geschichtsprozesses zurücktritt. Nach Döblins Deutung wird Wallenstein nicht deshalb von den Habsburgern beiseite geräumt, weil er ein Verräter ist, sondern weil er der Hauptgläubiger des Kaisers ist. Die Sympathie des Autors gehört denen, die unter der Geschichte leiden, besonders aber dem einfachen Volk, das der Krieg in Elend und Tod stürzt.
Weitere Kenntnisse über die Zeit bezog Brecht aus den Romanen Hans Jacob Christoph von Grimmelshausens, der den Krieg, den er aus eigenem Erleben kannte, aus der Sicht der Betroffenen schilderte (vgl. S. 64–67).
Welche geschichtswissenschaftlichen Quellen Brecht verwendete, lässt sich weder aus seinen Schriften noch aus seinen Tagebüchern oder Briefen entnehmen. Nachforschungen des schwedischen Germanisten und Brecht-Forschers Jan Esper Olsson in der Stockholmer Stadtbibliothek ergaben zwar, dass Brecht »kriegstechnische Literatur über den Dreißigjährigen Krieg verlangt habe, z. B.

über die Organisation des Marketenderwesens und über den Kriegseinsatz des Regiments von Dalarne«. Genaue Belege über die ausgeliehene Fachliteratur seien jedoch nicht zu erhalten gewesen (Olsson 1981, S. 15).
In einer Mappe aus dem Nachlass, die u. a. Brechts Textbuch für die Inszenierung am Deutschen Theater enthält, ist ein Exzerpt der S. 513f. aus Hans von Zwiedineck-Südenhorsts Darstellung des Dreißigjährigen Kriegs im 4. Band von *Ullsteins Weltgeschichte* eingeheftet (*Die Entwicklung der Menschheit in Staat und Gesellschaft, in Kultur und Geistesleben*, hrsg. von Julius von Pflugk-Harttung [*Geschichte der Neuzeit: Das religiöse Zeitalter 1500–1650*], Berlin 1907, Kap. 4: Die Gegenreformation in Deutschland, S. 415–517; BBA 486/107). Der von fremder Hand mit Maschine geschriebene Textauszug schildert eindringlich das »materielle Elend«, die verheerenden sozialen und ökonomischen Wirkungen, die der Krieg für die Bevölkerung Deutschlands hatte. Nach Olsson benutzte Brecht das Material für die 9. Szene (vgl. 90,3–7 [72,17–21] und 91,8–15 [73,12–18]) und für Mutter Courages Argumente beim Kapaunhandel am Beginn der 2. Szene (Olsson 1981, S. 69). Es kann jedoch nicht ausgeschlossen werden, dass Brecht die Abhandlung erst später kennen gelernt hat, zumal wenn man berücksichtigt, dass die Mappe, in die das Exzerpt eingeheftet ist, erst aus Anlass der Berliner Erstaufführung angelegt worden ist.

3. Vorlagen und Bezüge

a) H. J. Chr. v. Grimmelshausen: *Lebensbeschreibung der Ertzbetrügerin und Landstörtzerin Courasche*

Brecht entlehnte den (Bei-)Namen seiner Titelfigur dem Schelmenroman *Trutz Simplex: Oder Ausführliche und wunderseltzame Lebensbeschreibung Der Ertzbetrügerin und Landstörtzerin Courasche* (1670) von Hans Jacob Christoph von Grimmelshausen (1621/1622–1676). Die Herkunft des Namens wird bei Grimmelshausen (der im Unterschied zum Titel im Text hauptsächlich die Form »Courage« verwendet) allerdings anders erklärt als bei Brecht, wenngleich die Grundbedeutung auch hier mitschwingt. Der Roman schildert in der Form einer fiktiven Autobiographie das Leben der aus Böhmen stammenden Lebuschka, die als Kind schuldlos in den Dreißigjährigen Krieg hineingezogen wird. Im 3. Kapitel wird erzählt, wie Lebuschka, die, als Knabe verkleidet, den Namen Janko angenommen hat, »sein edles Jungfernkränzlein bei einem resoluten Rittmeister umb den Namen Courasche« »vertauschet«.[1] Bei einer Rauferei ist sie von einem Mann an das Geschlecht gegriffen worden, »bei demjenigen Geschirr [...], das ich doch nicht hatte« (S. 22). Als sie ihrem Dienstherrn, einem Rittmeister, erklären soll, warum sie ihren Gegner so übel zugerichtet hat, enthüllt sie ihre weibliche Identität: »Darumb, daß er mir nach der Courage gegriffen hat, wohin sonst noch keines Mannmenschen Hände kommen sein« (S. 23).[2] Bei Brecht dagegen fehlen dem Namen die sexuellen Konnotationen; er bezeichnet hier nicht die weibliche Scham, sondern wird teils mit dem Wagemut und der Tapferkeit erklärt, die die Händlerin in den Kriegswirren bewiesen hat, teils mit ihrer sozialen Situation (vgl. Anm. zu 9,24f. und 69,14–26 [57,10– 21]).

1 Hans Jacob Christoph von Grimmelshausen, *Lebensbeschreibung der Erzbetrügerin und Landstörzerin Courasche*, hrsg. von Klaus Haberkamm und Günther Weydt, Stuttgart 1971, S. 20 (weiterhin mit bloßer Seitenzahl im Text zitiert).

2 Im Namen Courasche klingt das Wort *Kursche* ›Pelz‹ an, das im 16. Jh. belegt ist (DWb 5, Sp. 2821). Einige Textstellen des Romans deuten darauf hin, dass Grimmelshausen diese Verbindung bekannt war. Die Bezeichnung diente so als Euphemismus für das weibliche Genital (»Courasche«: ›Pelzchen‹). Vgl. Mathias Feldges, *Grimmelshausens »Landstörtzerin Courasche«. Eine Interpretation nach der Methode des vierfachen Schriftsinns*, Bern 1969, S. 5.

Wie Brechts Mutter Courage ist auch Grimmelshausens Hauptfigur eine Gestalt aus dem Volk, die mit List und Betrug im Krieg zu überleben versucht. Beide sind beherzt, habgierig, beziehen ihr Selbstbewusstsein in erster Linie aus ihrer Geschäftstätigkeit, die sie weitgehend unabhängig von ihren wechselnden (Ehe-)Männern ausüben, können mit der Religion nichts anfangen und erleben den wirtschaftlichen Abstieg (der sich bei Grimmelshausens Titelfigur mit einem sozialen verbindet): Lebuschka gerät am Ende unter die Marodöre und schließt sich den Zigeunern an. Auch die Unbelehrbarkeit ist ihnen gemeinsam. »Das, so mir manglet, ist die Reu«, bekennt die Courasche ihrem Leser im »Vorbericht« freimütig (S. 15). Beide Figuren stellen ein negatives Exempel dar, das den Leser bzw. Zuschauer warnen und zu einer eigenen moralischen (bzw. politischen) Beurteilung nötigen soll.[3]
Damit sind die Übereinstimmungen aber im Wesentlichen auch schon erschöpft. Wichtige Unterschiede zwischen den beiden Figuren bestehen darin, dass die Courasche von adliger Herkunft ist (was sie erst nachträglich erfährt), durch Heiraten ihr Glück zu machen versucht, zur »Soldatenhur« (S. 48) wird, nur vorübergehend Marketenderin ist und sich sogar tatkräftig in die militärischen Auseinandersetzungen einmischt, vor allem aber, dass sie unfruchtbar und kinderlos (vgl. S. 115) ist. Bei Brecht dagegen ist die Mutterrolle der Courage mit ihrer Tätigkeit als Händlerin dialektisch und konfliktreich verknüpft: »die C. ist geschäftsfrau, weil sie mutter ist. sie kann nicht mutter sein, weil sie geschäftsfrau ist.« (»Dialektik der Couragefigur«, BBA 907/6)
Einzelne Züge der Courasche hat Brecht auch auf die Figur der Yvette Pottier übertragen: Beide leben vom Ver-

3 Vgl. dazu den Essay von Marie Luise Kaschnitz. »Mutter Courage«, in: M. L. K., *Gesammelte Werke*, hrsg. von Christian Büttrich und Norbert Miller, Bd. 7: *Die essayistische Prosa*, Frankfurt a. M. 1989, S. 242–250 (zuerst 1970).

kauf ihres Körpers (zum Schaden ihrer Gesundheit), beide steigen in der sozialen Hierarchie durch Heirat auf (wenngleich im Fall der Courasche nur zeitweilig).

Formale Übereinstimmungen bestehen zwischen Grimmelshausen und Brecht in der episodischen Handlungsstruktur und in den den Kapiteln bzw. Szenen vorangestellten Inhaltsangaben, eine Technik, die Brecht als episierendes Element schon früher verwendet hatte, z. B. in der *Dreigroschenoper* (1931) und in *Leben des Galilei* (entst. 1938/39).

In Grimmelshausens Schilderung des Krieges erkannte Brecht Parallelen zur eigenen Zeit. Das Hauptwerk des Dichters – *Der Abentheurliche Simplicissimus Teutsch* (1668) – lobte er dafür, dass es den »Krieg als soziale Erscheinung, als Bürgerkrieg« aufzeige, im Gegensatz zu den Werken der »faschistischen Dichter«, die den Krieg »als eine ganz mechanische Materialschlacht« darstellten, der »keinerlei gesellschaftlichen Gehalt und keine Entwicklung« habe (»Notizen über realistische Schreibweise«, entst. 1940; GBA 22.2,620–640, hier S. 635).

Im 5. Kapitel des 5. Buchs des *Simplicissimus* konnte Brecht auch Überlegungen zum Verhältnis von Krieg und Geschäft finden (vgl. Knopf 1980, S. 183): Der Krieg sei ein so gutes Geschäft, dass man zweifeln müsse, ob die Menschheit den Frieden überhaupt wolle, bekommt Simplicissimus – in ironischer, satirischer Brechung – zu hören. Es gebe »zwar etliche«, die den Frieden »wünschen, aber nur […] um ihres Bauchs und Wollust willen; hingegen aber sind auch andere, die den Krieg behalten wollen, […] weil er ihnen einträgt« (Hans Jakob Christoph von Grimmelshausen, *Der abenteuerliche Simplicissimus Teutsch*, Nachw. von Volker Meid, Stuttgart 1996, S. 481).

b) J. L. Runeberg: »Lotta Svärd«

Einen weiteren Ausgangspunkt für Brecht lieferte die Ballade »Lotta Svärd« von dem schwedischsprachigen finnischen Schriftsteller Johan Ludvig Runeberg (1804–1877), mit der der Autor durch die schwedische Schauspielerin und Theaterpädagogin Naima Wifstrand bekannt wurde (vgl. S. 78 f. des vorliegenden Bandes). Die Ballade gehört zu dem Zyklus *Fänrik Ståls sägner* (1848–1860; ›Fähnrich Stahls Erzählungen‹). Der geschichtliche Hintergrund ist der finnisch-russische Krieg von 1808/09, in dessen Folge Schweden Finnland an Russland abtreten musste. *Fänrik Ståls sägner* ist eine Sammlung patriotischer Gedichte, die den Mut und die Opferbereitschaft der finnischen und schwedischen Soldaten im Kampf gegen den russischen Feind feiern. In Mittelpunkt steht das einfache Volk. Zu diesem gehört auch die Marketenderin Lotta Svärd, eine in die Jahre gekommene Händlerin, die die Soldaten wie eine Mutter umsorgt. Von der Courage unterscheidet sie aber die Einstellung zum Heldentum: Lotta Svärd belohnt den tapfer kämpfenden Soldaten mit einem Trunk; sie verweigert ihn dem Feigling. Dagegen stellt Brechts Titelfigur jedes Heldentum in Frage.

Lotta Svärd

Noch jetzt, wenn einer dann und wann
Am traulichen Abendherd
Trifft einen grauen Kriegsveteran,
Spricht man von Lotta Svärd.

Wie mürrisch auch sass der Kunde zuvor,
Gleich milder wird sein Gesicht,
Und hinter dem Schnauzbart zuckt empor
Ein Schmunzeln, warm und licht.

Er gedenkt, wie er oft nach der Schlacht Geras
Vom blutigen Siegesfeld
Ermattet kam und leerte sein Glas
In Lottas gebrechlichem Zelt.

Und fröhlich redet er wohl ein Wort
Von der Alten und lächelt, so so.
Doch lachst du wieder, so knurrt er sofort,
Lachst du nicht warm und froh.

Denn sie war für das Heer in des Krieges Gefahr
Eine Perle echt und wert.
Ein wenig ward sie belächelt zwar,
Doch wahrlich mehr verehrt.

Und war sie schön? Eine blühende Maid?
Ihr blühte des Lebens Mai
Zu König Gustavs des Dritten[4] Zeit,
Nun zwanzig Jahre vorbei.

Schon ehe der Edle in Finnland stritt,[5]
War sie eines Kriegers Braut;
Als die Trommel erscholl und Svärd zog mit,
Da folgte sie auch dem Laut.

Da war sie schön! Da war kein Kind
So wonnig an Mund und Gesicht,
Und mancher Krieger sah sich blind
An der braunen Äugelein Licht.

Doch ein Lenz ist flüchtig, die Blüte dorrt,
Ihr Lenz ging bald zu Tal;
Dreimaligen Wechsels schwand er fort,
Ein Drittel jedesmal.

Eins raubte des ersten Winters Qual,
Spät weichend und früh gesandt;
Das zweite der erste Sommer stahl,
Es welkte sonnenverbrannt.

Das letzte Drittel, das noch stand hell,
Das hielt sie nicht sehr wert,
Das liess sie ertrinken im Tränenquell,
Als im Kampfe gefallen ihr Svärd[6].

4 1746–1792, seit 1771 schwedischer König.
5 Im Krieg mit Russland 1788–1790.
6 Das schwedische Wort *svärd* bedeutet ›Schwert‹.

Und als wieder der Kriegessturm brauste daher
Und sie wieder bei uns erschien –
Sie erinnerte kaum ihres Lenzes sich mehr,
So lang schon war er dahin.

Doch schön noch, wenn auch auf andre Art,
War sie für des Kriegers Gemüt,
Und oft noch mit Preise genannt sie ward,
Wie da sie am schönsten geblüht,

Ob jetzt auch waren Falten zu schaun,
Wo früher Lachen und Licht,
Und ihr Auge nicht mehr allein war braun,
Nein, braun ihr ganzes Gesicht.

Sie liebte den Krieg, was auch er beschert,
Glück, Unglück, Freuden und Müh,
Und die grauen Jungen, die hielt sie wert,
Und darum liebten wir sie.

Und den fürwahr sie nimmer vergass,
Der mit Svärd bei der Fahne einst stand,
Nein, solchem mass sie volleres Mass;
Dafür war sie bekannt.

So folgte dem Heere sie treu und kühn,
Wohin auch ging sein Zug,
Und beim Schüssegeknatter und Kugelsprühn,
Da war sie nahe genug.

Denn der teuren Jungen stolzen Mut
Zu schauen, das liebte sie
Und meinte, wie nah sie auch stünde der Glut,
»Sie stünde nicht näher als die.«

Und ermattete einer in Feuer und Rauch
Und würde verwundet vielleicht –
»Meine Bude muss stehen so nah doch auch,
Dass der Matte sein Gläslein erreicht.«

Und die Bude verriet, ringsum geziert
Mit Fetzen, Flick und Stich,
Dass manche Kugel bei ihr quartiert.
Der Kunden rühmte sie sich.

Hör' freundlich nun zu, ein Geschichtchen vernimm,
Das letzte von ihr, das ich sah!
Der Tag bei Oravais[7] endete schlimm,
Wir mussten zurück. Ach – ja!

Sie war mit, und wahrlich, es war kein Spass,
Bis den Schatz aus dem Kampf sie bekam,
Ihr Zelt, ihre Karre mit Kessel und Mass,
Und den Schimmel, spatig[8] und lahm.

Wir rasteten. Lotta hantierte gemach,
Hielt Schank, wie sie immer gewohnt,
Doch das Zelt war geborgen, sie stand, wo als Dach
Hochwiegende Tanne thront.

Und wir wussten, voll Trauer trug sie das Herz,
Ihr Lächeln betrog uns nicht;
Und lächelnd litt sie der Tapfren Schmerz,
Doch nass war ihr braunes Gesicht.

Da kam zu ihr, wie sie dort so stand,
Ein Dragoner, ein junger Gesell.
Von Übermut glomm seiner Blicke Brand,
Seine Stimme klang spöttisch und gell:

»Schenk ein!« so schrie er, »vor keinem bang!
Heut abend halte ich frei.
Denn Silber hab' ich, da hörst du den Klang,
Und Freunde schaff ich herbei.«

Sie schoss einen zornigen Blick auf den Held:
»Es ist gut, jetzt kenne ich dich!
Für die arme Mutter zogst du zu Feld,
Doch wie kämpftest du heute? Sprich!

Du sassest im Zelte und klagtest weich,
Du seist verwundet schwer.
Jetzt trägst du Rosen, da warst du bleich.
Wo ist deine Wunde? Zeig her!

7 Oravais (finn. Oravainen): Ortschaft nördlich von Wasa (finn. Vaasa), wo das finnische Heer am 14. September 1808 eine den Krieg entscheidende Niederlage einstecken musste.

8 Mit dem Spat behaftet, einer Entzündung am Sprunggelenk.

Sag nicht, dass die Mutter schon deckt der Sand,
Dass für sie du nicht zogst in den Streit –
Deine alte Mutter ist dieses Land,
Das hast du verraten heut.

Und hättst du dein Ränzel von Schätzen geschwellt
Und ein Meer voll, zu schöpfen davon,
Bei Gott, keinen Tropfen für all sein Geld
Je gäb ich solchem Sohn!«

Sie stemmte geballt in die Seite die Hand,
So war sie oft zu sehn,
Und der reiche Prahler nicht gut mehr fand
In ihrer Nähe zu stehn.

Doch ein wenig davon an des Weges Hang,
Da sass ein Jüngling allein.
Zu ihm hinüber ihr Blick oft sprang
Wie mildester Sternenschein.

Wohl sah man, trat man ihm nahe genug,
Wo er sass auf die Flinte gesenkt,
Dass er mühsam gefolgt dem eilenden Zug,
Dass sein Rock vom Blute getränkt.

Auf ihn zu blicken liess sie nicht ab,
So mütterlich warm und rein,
Als ob jedes Glas, das den Kunden sie gab,
Sie schenkte für ihn nur ein.

Doch als er versank nur mehr und mehr
In der Trauer düstere Ruh,
Da wurde das Warten ihr zu schwer,
Da rief sie laut ihm zu:

»Komm her, ein Schluck ist immer noch da!«
Die Stimme zitterte ihr,
»Ein Trunk, mein Junge, gibt Trost; ach ja,
Den braucht jetzt jeder hier.

Du schämst dich? Lass nur! Ich weiss, mein Freund,
Dass Gold dein Ränzel nicht bläht.
Aus dem Waldhof zogst du hinaus in den Feind,
Da hast du kein Gold gemäht.

Doch wo es Blut galt, Preis du gewannst,
Das sah ich auf Lappos[9] Plan,
Und im Kampf um die Ruona-Brücke[10], da standst
Du zuvorderst; denkst du daran?

Drum lockt dich ein Trunk, komm wohlgemut,
Sorg' nicht, wer ihn zahlen soll!
Ein Gläslein hast du für Lappo zugut,
Für Ruona zwei hochvoll.

Wenn mein tapferer, freundlicher Svärd noch heut
Hätt' können im Feuer stehn;
Und hätte dich bluten und doch im Streit
Zuvorderst wieder gesehn –

Dann stündest du jetzt ihm dicht gesellt
Wie ein Sohn bei dem Vater, fürwahr!
Und so wahr ich lebe, die ganze Welt
Sah nie ein edleres Paar!«

Da kam der Soldat, und sie füllt' ihm das Glas
Hochvoll, und als er es nahm,
Da fehlte nicht viel, dass er über das Mass
Zwei Tränen zubekam. –

Ja, seit ich sie sah, die Zeit liegt fern,
Doch vergessen kann ich sie nie,
Ich denke der Alten gar so gern;
Sie verdient, dass man denkt an sie.

Denn sie war für uns in des Krieges Gefahr
Eine Perle echt und wert;
Ein wenig ward sie belächelt zwar,
Doch wahrlich mehr verehrt.

Fähnrich Stahl. Von Joh. Ludw. Runeberg. Dt. von Wolrad Eigenbrodt. Helsinki: Söderström, 1907. S. 168–179.

9 Lappo (finn. Lapua): Ortschaft südöstlich von Wasa, im Küstengebiet des Bottnischen Meerbusens. Hier schlugen die Finnen am 14. Juli 1808 eine russische Übermacht in die Flucht.

10 Ruona: Ortschaft südlich von Wasa, bei der die Finnen sich am 1. September 1808 erfolgreich gegen einen russischen Angriff verteidigten.

c) Weitere Anregungen

Die Sprache des Stücks ist vom oberdeutschen Dialekt, volkstümlichen Redewendungen und Sprichwörtern sowie der Diktion der Lutherbibel geprägt. Darüber hinaus wirkte Grete Reiners Übersetzung von Jaroslav Hašeks (1883–1923) Roman *Osudy dobrého vojáka Švejka za světové války* (tschech., 1921–23; ›Die Abenteuer des braven Soldaten Schwejk während des Weltkrieges‹, 1926/27) auf den Stil ein. Brecht kannte das Buch durch seine Mitarbeit an der Bühnenbearbeitung für Erwin Piscator (1928). Reiner bediente sich der Mundart der zweisprachigen deutschen Volksschichten in Prag. Bei Fertigstellung des Stücks *Herr Puntila und sein Knecht Matti* notierte Brecht im *Journal*: »Der Ton ist nicht original, es ist Hašeks Ton im Schwejk, den ich auch schon in der ›Courage‹ benutzte.« (19. September 1940; GBA 26,424f.) In dem 1943 niedergeschriebenen Stück *Schweyk*, das zu Teilen auf Hašeks Roman basiert, sah Brecht im Übrigen ein zeitgenössisches »Gegenstück zur *Mutter Courage*« (*Journal*, 24. Juni 1943; GBA 27,152).

Als bildkünstlerische Vorlage für *Mutter Courage und ihre Kinder* kommt das Gemälde »Die tolle Grete« (»Dulle Griet«, 1562?) des flämischen Malers Pieter Bruegel d. Ä., gen. Bauernbruegel (zwischen 1525 und 1530 – 1569) in Betracht. Brecht dürfte es sowohl für die Gestaltung der Hauptfigur als auch für die Gestaltung Kattrins verwendet haben. Reproduktionen des Gemäldes befinden sich in zwei Manuskriptmappen zu *Mutter Courage* (BBA 487/102 [Ausschnitt] und BBA 486/116 [vollständig]).

Brecht fasste »Die tolle Grete« als »Kriegsbild« auf. Er bewunderte an dem Gemälde, dass es die »Kriegsfurie« »in ihrer Hilflosigkeit und Beschränktheit zeigt und ihr einen Dienstbotencharakter verleiht«; auf diese Weise schaffe der Maler »einen tieferen Schrecken« (»Verfremdungstechnik in den erzählenden Bildern des älteren

Breughel«[11], entst. vermutl. 1937; GBA 22.1,270f.) Später empfahl Brecht der Darstellerin der Grusche Vachnadze aus dem *Kaukasischen Kreidekreis*, die »Schönheit« der »Tollen Grete« zu »studieren« (»Realismus und Stilisierung«, entst. 1944; GBA 24,342; vgl. dazu auch die Eintragungen im *Journal* vom 15. Juni und 8. August 1944 [GBA 27,191 und 198]).

Dass Brecht die folgenden literarischen Werke gekannt hat, ist zwar durch Dokumente nicht nachweisbar; auffällige inhaltliche Übereinstimmungen legen es aber nahe. In der Forschung werden diese Texte daher gelegentlich als mögliche Inspirationsquellen genannt.

Der amerikanische Germanist Beverly Driver Eddy hat jüngst die These vertreten, Brecht habe den »zentralen Konflikt« seines Stückes – »Mutter-Liebe versus Liebe zum Geld« – Karin Michaëlis' (1872–1950) Roman *Mette Trap og hendes Unger* (dän., 1922; ›Mette Trap und ihre Kinder‹[12]) entnommen (Driver Eddy, S. 246). Mette Trap ist Mutter dreier Kinder von drei verschiedenen Vätern, denen sie die Ehe verweigert hat. Aufopferungsvoll zieht sie ihre Kinder selbst groß. Und wie die Courage ›verliert‹ sie ihre Kinder, weil sie habsüchtig ist; ihre Geldgier besiegt ihre Mütterlichkeit. Im Übrigen jedoch überwiegen die Unterschiede.

Für den Schluss der 3. Szene – die Courage leugnet, den getöteten Schweizerkas gekannt zu haben – könnte Brecht die Erzählung *Im Dorfe Kossinetz …* von dem österreichischen Schriftsteller und Theaterkritiker Oscar Maurus Fontana (1889–1969) als Vorlage gedient haben (Grimm 1971, S. 63; Olsson 1988, S. 37–39). Der kurze Prosatext erschien am 6. Juni 1934 in der *Neuen Zürcher Zeitung*.

11 Die Schreibweise des Namens ist uneinheitlich. Brecht verwendet durchgängig »Breughel« statt »Bruegel«, wie heute weithin üblich.

12 Der Roman erschien auf Deutsch unter dem Titel *Mette Trap*, Potsdam: Kiepenheuer, 1925 (ohne Angabe des Übersetzers).

III. Zur Entstehungsgeschichte

Brecht hat sich mehrfach, wenngleich ungenau und teilweise auch widersprüchlich, über die Niederschrift von *Mutter Courage und ihre Kinder* geäußert. Sämtliche Mitteilungen stammen jedoch aus späterer Zeit, viele Jahre nach der Fertigstellung des Stücks. Es könnte sich also um Erinnerungsfehler handeln.

Dem Erstdruck von 1949 ist der Hinweis beigegeben: »geschrieben in Skandinavien vor dem Ausbruch des zweiten Weltkrieges« (*Versuche*, H. 9, 1949, S. 5), was sich sowohl auf Dänemark als auch auf Schweden als Entstehungsland beziehen kann. Im gleichen Jahr datierte Brecht in einer Diskussion mit Friedrich Wolf die Entstehung genauer: »Das Stück ist 1938 geschrieben, als der Stückeschreiber einen großen Krieg voraussah« (Friedrich Wolf / Bertolt Brecht, »Formprobleme des Theaters aus neuem Inhalt. Ein Zwiegespräch«; GBA 23,112; ebenso *Couragemodell 1949*, GBA 25,241). In einer kleinen Notiz, die Brecht im September 1953 für das Programmheft der Kopenhagener Aufführung verfasste, heißt es dann näher, das Stück sei »vor Ausbruch des zweiten Weltkriegs unter dem fünischen Strohdach geschrieben«, also an seinem dänischen Zufluchtsort in Skovsbostrand bei Svendborg (GBA 24,274). Nimmt man diese Aussage wörtlich (und nicht nur als eine zwar freundliche, aber letztlich doch bloß rhetorische Geste gegenüber dem ehemaligen Gastland), dann war das Stück abgeschlossen, als Brecht am 23. April 1939 Dänemark in Richtung Schweden verließ.

Gegen diese Angaben spricht aber der einzig sichere Hinweis auf den Zeitraum der Ausarbeitung: die Eintragung, die Brechts Mitarbeiterin Margarete Steffin in einen Notizkalender für 1939 machte. Danach wurde das Stück zwischen dem 27. September und dem 3. November 1939 niedergeschrieben (vgl. BBA 2112/217 und /219), also in Schweden.

Nähere Aufschlüsse über die Entstehung des Stücks geben Steffins Briefe an den dänischen Journalisten und Übersetzer Fredrik Martner (d. i. Knud Rasmussen), der zu Brechts engerem Bekanntenkreis im dänischen Exil gehörte (aufbewahrt im Bertolt-Brecht-Archiv unter den Siglen E 9 und E 10).[1] Aus Stockholm, wohin sie Brecht am 7. Mai 1939 gefolgt war, schreibt Steffin:

»Brecht hat angefangen, ein neues Stück zu schreiben, und will sich mit nichts anderem beschäftigen, bevor er es fertig gemacht hat, es scheint ihm wichtig jetzt, da der Krieg gekommen ist. Die Handlung spielt zur Zeit des Dreißigjährigen Krieges, aber das Stück hat noch keinen Titel. *Das Beste*: *Er hat eine Rolle für die Weigel geschaffen!* Denk Dir, wie wunderbar es wäre, wenn sie wieder auf einer Bühne stehen und in einem richtigen Theater spielen könnte! Ich sende die Szenen, sobald sie jeweils fertig sind und ich sie ins Reine geschrieben habe ...«

Fredrik Martner: Stykkeskriveren Bert Brecht – de mørke tiders digter. [Kopenhagen:] Hasselbalch, [1968]. S. 86. [Der Autor zitiert den Brief ohne Datumsangabe auf Dänisch. Übers.: P. L.] – © Kurt Groenewold, Hamburg.

Brecht habe gehofft – kommentiert Martner –, dass das Stück in Stockholm gespielt werden könne, mit Helene Weigel in der Rolle der stummen Kattrin. Den Beginn der Vorarbeiten datiert Martner auf 1938 in Dänemark, »noch während er [Brecht] am ›Galilei‹ arbeitete« (ebd., S. 87; Übers.: P. L.).
Wie weit Brechts Vorüberlegungen zu seinem Stück zurückreichen, ist unbekannt. Weder von eigener noch von fremder Hand finden sich nähere Zeugnisse darüber, wann er den Plan zu dem Stück fasste und wie es dazu kam.

1 Die Briefe sind allerdings meist undatiert, und die Forschung hat ihre Entstehung bisher nicht erschlossen.

Die GBA druckt aus der Zeit vor der Fertigstellung des Stücks zwei Textzeugen. Sie entstanden vermutlich im Sommer bzw. Herbst 1939. Unter dem Titel »Die finnische Niobe«[2] gibt Brecht eine geraffte Zusammenfassung der Fabel, die auf die Problematik des tugendhaften Verhaltens zugespitzt ist:

»Mutter Courage hat drei Schützlinge: den kühnen und klugen Sohn, den redlichen und dummen Sohn, die stumme Karin.[3] Der kühne und kluge Sohn stirbt an der Kühnheit und Klugheit, der redliche dumme Sohn an der Redlichkeit und Dummheit, die stumme Karin, weil sie trommelt.«

Bertolt Brecht: Große kommentierte Berliner und Frankfurter Ausgabe. Hrsg. von Werner Hecht [u. a.]. Bd. 24: Schriften 4. Texte zu Stücken. Bearb. von Peter Kraft [u. a.]. Berlin/Weimar: Aufbau-Verlag / Frankfurt a. M.: Suhrkamp, 1991. S. 258. – © Suhrkamp Verlag, Frankfurt a. M.
[Diese Brecht-Werkausgabe wird hier zitiert als: GBA.]

Unter der Überschrift »Dramaturgische Kurve« findet sich eine ausführliche Schilderung des Handlungsverlaufs (GBA 24,258–260), die in der Hauptsache bereits der Fabel des Stücks in der 1. Niederschrift entspricht.
Brecht lebte seit Mai 1939 im Haus der schwedischen Bildhauerin Ninnan Santesson auf der Insel Lidingö bei Stockholm. Den letzten Anstoß zur Ausarbeitung des Stücks gab ihm wahrscheinlich die Ballade »Lotta Svärd« von Johan Ludvig Runeberg, die er im Sommer 1939 durch Naima Wifstrand kennen lernte. Brecht hatte von einer finnischen Marketenderin gehört und Wifstrand bei Gelegenheit eines Besuchs gefragt, ob sie Näheres darüber wisse. Dieser war klar, dass nur Lotta Svärd gemeint sein

2 Vgl. Kap. I des vorliegenden Bandes, Anm. zu 7,2–5.
3 Im Stück: Kattrin.

könne, und sie fertigte eine deutsche Übersetzung an. Kurze Zeit später las Brecht ihr die 1. Szene seines Stücks vor.[4] Wifstrand sollte in einer Aufführung des Stücks in Schweden die Rolle der Titelfigur übernehmen (vgl. den Brief von Margarete Steffin an Fredrik Martner, BBA E 10/15 [undatiert]). Im Dezember 1939 sandte Brecht ihr ein hektographiertes Exemplar des Stücks mit der handschriftlichen Widmung: »Meiner Mutter Courage Naima Wifstrand in Dankbarkeit« (BBA Z 19/276). Bei der Abreise aus Schweden, im Frühjahr 1940, schrieb Brecht ihr: »und ich konnte ein volksstück schreiben, die ›Courage‹, mit dem Gedanken an Dich, sie ist Dir gewidmet, naima, ich denke, wir führen sie nocheinmal auf, das und anderes« (Zitiert bei Olsson 1970, Teil 3, S. 23; vgl. den Brief an Wifstrand vom Ende August 1940; GBA 29,184 f.) Die Genrebezeichnung »Volksstück« behielt Brecht jedoch seinem Schauspiel *Herr Puntila und sein Knecht Matti* (entst. 1940) vor.

Der kurzen Zeit der Niederschrift des Stückes gingen umfangreiche historische Studien voraus, die sich bis in die Zeit des dänischen Exils zurückverfolgen lassen. Im Winter 1938/39 beschäftigte Brecht sich mit der skandinavischen Geschichte. Er hatte vor, Ereignisse aus dem mittelalterlichen Dänemark mit dem *Kreidekreis*-Stoff zu verbinden. Im Nachlass finden sich dazu unter dem Titel »Der Odenseer Kreidekreis« einige Entwürfe und Bruchstücke (BBA 159/1; 28/11; 128/7). Diesen Stoff nahm er dann zu Beginn des Jahres 1940 in seiner Erzählung *Der Augsburger Kreidekreis* erneut auf und verlegte ihn in die Zeit des Dreißigjährigen Krieges (veröffentl. 1941; GBA 18,341–354). In der 1. Niederschrift der *Mutter Courage* findet sich noch eine Textstelle, die einen direkten Bezug zur Figur des Richters aus dem *Kreidekreis*-Projekt hat: Ihre Behauptung, »Bestechlichkeit« sei bei den Menschen

4 Vgl. Naima Wifstrand, *Med och utan paljetter*, Stockholm 1962, S. 134 f.

dasselbe »wie beim lieben Gott die Barmherzigkeit« (51,5–7 [43,38 f.]), illustriert die Courage mit der Erzählung von einem Richter »im Fränkischen«, der so aufs Geld ausgewesen sei, »auch kleine Summen bei arme Leut, daß er allgemein bis nach Sachsen hinein [...] als guter Mensch angesehen war« (GBA 8,452).

Ende 1939 plante Brecht ein Drama über den schwedischen »Bauernführer« und »Vater des schwedischen Reichstags (Begründer)« Engelbrecht Engelbrechtson (um 1390–1436; unter dem Titel »Engelbrecht«). Im Nachlass sind Bruchstücke zu zwei Szenen, ein Gliederungsentwurf und Stichworte zur historischen Figur erhalten (BBA 2177/39–41).[5] Zu Brechts Beschäftigung mit dem Dreißigjährigen Krieg vgl. Kap. II,2 des vorliegenden Bandes.

Doch nicht nur der geschichtliche Stoff, den er in *Mutter Courage* aufgriff, auch die gesellschaftliche Problematik – der Krieg als lukrative Erwerbsquelle – war ihm bereits aus anderen literarischen Arbeiten vertraut. In den Polit-Possen *Dansen* und *Was kostet das Eisen?* (GBA 5,291–306 bzw. 309–324), die zwischen März und August 1939 entstanden, karikierte er die Neutralitätspolitik der skandinavischen Länder. Sowohl in Dänemark als auch in Schweden glaubte man – darin der Courage ähnlich –, am (bevorstehenden) Krieg verdienen zu können, ohne in ihn verwickelt zu werden: sei es durch die Lieferung von Nahrungsmitteln (wie in Dänemark), sei es durch die Lieferung von Eisenerz (wie in Schweden) an das Deutsche Reich. Brecht wollte die Skandinavier mit seinen Stücken vor dieser Haltung warnen – direkt in seinen Possen, eher indirekt in *Mutter Courage* (vgl. »Die Courage lernt nichts«; GBA 24,271–274, bes. S. 271 f.). In den *Flüchlingsgesprächen* kam Brecht später dann noch einmal auf

5 Brecht soll sich im schwedischen Exil auch mit dem Plan zu einem Stück über Gustav Wasa (1496/97–1560) beschäftigt haben (Olsson 1981, S. 6). Dieser ist, wie Engelbrechtson, eng mit Dalarne verbunden, wo Brecht *Mutter Courage* beginnen lässt (vgl. Anm. zu 7,3 *Dalarne*).

das Thema zurück, vgl. besonders das im Oktober 1940 entstandene Kapitel »Dänemark oder der Humor / Über die Hegelsche Dialektik« (GBA 18,259–265).

Die korrigierte und überarbeitete Urfassung (BBA 490, Archivstempel »Urtext«) wurde von Steffin, wie aus einem Brief an Martner hervorgeht, mit der Maschine auf »stencil« (Wachsmatrize) abgeschrieben (BBA E 10/28 [undatiert]). Die hektographierte Reinschrift, die den Archivstempel »Matrizentext (Schweden)« trägt (BBA 1905) und auch als »1. Vervielfältigung« bezeichnet wird, enthält gegenüber der 1. Niederschrift einige Textänderungen, die neben der Szeneneinteilung und den Personennamen sowie einer längeren Streichung in der 8. Szene vor allem die Lieder betreffen (vgl. dazu im einzelnen Kap. IV,2 des vorliegenden Bandes). Die Abzüge von der Matrize versandte Brecht Ende 1939, Anfang 1940 an Freunde, Regisseure, Schauspieler und Verleger. Gleichzeitig wurde das Stück ins Schwedische übersetzt (BBA 1556). In den folgenden Monaten wurde der Text von Brecht mehrfach überarbeitet.

Im Februar 1940 unterzeichnete Brecht einen Vertrag mit dem Theaterverlag Arvid Englind in Stockholm, der diesem das alleinige Vertriebsrecht für Skandinavien und einige weitere europäische Länder gab. Alle Versuche des Verlegers, das Stück an einer Bühne in Skandinavien unterzubringen, misslangen jedoch. Als Kommunist war Brecht suspekt, wie Englind wiederholt erfahren musste (vgl. Olsson 1981, S. 17).

Im Sommer, Brecht war inzwischen nach Finnland geflohen, machte er dem Zeichner und Graphiker Hans Tombrock, der zuvor bereits Radierungen zu *Leben des Galilei* geschaffen hatte, den Vorschlag, eine »Mappe« mit Zeichnungen zur *Courage* anzulegen, für die er dann »eine Art Novelle« schreiben würde (Brief an Tombrock vom Juli/August 1940; GBA 29,183; vgl. auch den Brief vom Anfang Oktober 1940, ebd., S. 188f.). Die Idee wurde allerdings nicht ausgeführt.

Zu einer erneuten Beschäftigung mit dem Stück kam es, als der finnische Regisseur Eino Salmelainen sein Interesse an einer Aufführung bekundete. In einem Brief vom 22. August 1940 an Ninnan Santesson teilte Margarete Steffin mit, es bestünden »grosse aussichten«, dass der Regisseur *Mutter Courage* in Helsinki auf Finnisch auf die Bühne bringe. Helene Weigel solle die Rolle der stummen Kattrin spielen (Kungliga Biblioteket Stockholm, L 77:1:7). Die Pläne zerschlugen sich jedoch.
Für die Bühnenmusik gewann Brecht den schwedischen Komponisten Simon Parmet. Brecht stellte sich »die Nummern als mechanische Einsprengseln [vor], etwas darin von dem plötzlichen Aufschallen jener Butiken-Apparate, in die man einen Groschen wirft« (*Journal*, 7. Oktober 1940; GBA 26,431). Die Komposition sollte sich an Kurt Weills Musik zur *Dreigroschenoper* orientieren – eine undankbare Aufgabe für den Künstler, der befürchtete, als Epigone in Verruf zu kommen. Brecht gelang es jedoch, Parmet zu überreden: »der zweite Mann, der ein Sonett verfaßte, hatte es schwer, dem Vorwurf des Epigonentums zu entgehen« (ebd.).
Als Anfang Dezember das Schwedische Theater in Helsinki eine Aufführung erwog (die ebenfalls nicht realisiert wurde), machte Brecht sich mit dem Schauspieler Hermann Greid daran, »ein paar Szenen« »durchzuarbeiten«. Dabei wurden die großen Szenen in »Teilszenen« »zerschnitten« und für diese Titel gesucht.[6] Da das Ergebnis jedoch enttäuschend ausfiel, suchte Brecht nach »Methoden zur Titelfindung«. Dabei erwog er,

»ein Schema von Wirkungsquanten auf[zu]stellen, nach denen die Szenen befragt werden müssen. Poetische, dramaturgische, sittengeschichtliche, sozialpolitische, psychologische (die Menschenkenntnis fördernde) usw. Über

6 Der Kommentar der GBA setzt diese Titel irrtümlicherweise mit den Szenentiteln gleich, die aber bereits Ende 1939 vorlagen (vgl. GBA 6,383).

diese Quanten könnten Sätze gebildet werden, die in ästhetischen, sittengeschichtlichen, historischen, psychologischen Büchern stehen könnten.«

Journal. 9. Dezember 1940. GBA 26,445 f.

Beim »Aufstellen des ›Titulariums‹ zur ›Courage‹«, notierte er einige Tage später, werde »alles Psychologische völlig vernachlässigt«, auch der »Plot« und das »Zeitkolorit« würden »kaum berücksichtigt«. (*Journal*, 18. Dezember 1940; GBA 26,450). In einer Aufzeichnung aus dem Nachlass stellte Brecht die Anforderung: »der titel muß die (augenscheinlichen oder versteckten) gestischen gehalte der szenen für das arrangement fixieren und zwar so, daß die dialektik der vorgänge oder zustände eingesehen werden kann.« (BBA 487/4)
Am 5. Januar 1941 hielt er über die Darstellung des Krieges fest:

»Die ›Mutter Courage‹ durchstudierend, sehe ich mit einiger Zufriedenheit, wie der Krieg als riesiges Feld erscheint, nicht unähnlich den Feldern der neuen Physik, in denen die Körper merkwürdige Abweichungen erfahren. Alle Berechnungsarten des Individuums, gezogen aus Erfahrungen des Friedens, versagen; es geht nicht mit Kühnheit, es geht nicht mit Vorsicht, nicht mit Ehrlichkeit, nicht mit Betrug, nicht mit Brutalität noch mit Mitleid, alles bringt Untergang. Aber es bleiben die Kräfte, welche auch den Frieden zu einem Krieg machten, die unnennbaren.«

Journal. 5. Januar 1941. GBA 26,452 f.

Im Februar 1941, anlässlich der geplanten Uraufführung des Stücks in Zürich, schickte Brecht den von Parmet inzwischen fertiggestellten Klavierauszug an den Theaterverlag Kurt Reiss und legte die Tantiemenaufteilung fest

(Brief vom 1. Februar 1941; GBA 29,197 f.). Parmets Musik – »über zwanzig Gesangsstücke« (Parmet, S. 467) – wurde allerdings nie aufgeführt. Für die Uraufführung gab der Regisseur Leopold Lindtberg eine Komposition bei Paul Burkhard in Auftrag, dem Hauskomponisten des Theaters. Parmet vernichtete nach eigenen Angaben seine Musik später (Parmet, S. 468).
Die Premiere war erfolgreich (19. April). »Es ist mutig von diesem hauptsächlich von Emigranten gemachten Theater, jetzt etwas von mir aufzuführen. Keine skandinavische Bühne war mutig genug dazu«, trug Brecht wenige Tage später ins *Journal* ein (22. April 1941; GBA 26,476). Anschließend legte er sich die Frage vor, warum *Mutter Courage* ein »realistisches Werk« sei: weil es »für das Volk den realistischen Standpunkt gegenüber den Ideologien« beziehe. »Kriege sind für die Völker Katastrophen, nichts sonst, keine Erhebungen und keine Geschäfte.« Und er betonte: Das Stück sei »sittlich«, doch nehme es »nicht den moralischen Standpunkt ein, d. h. es geht nicht aus von der momentan herrschenden Moral« (ebd., S. 476 f.).
Noch im gleichen Jahr wurde das Stück von Hoffman R. Hays ins Englische übersetzt und in New York veröffentlicht. Es war die erste Publikation der *Mutter Courage* überhaupt (abgesehen vom Bühnenmanuskript) und darüber hinaus die erste Veröffentlichung eines Brecht-Stücks in englischer Sprache. Brecht war jedoch mit der Übersetzung, wie er später äußerte, unzufrieden (vgl. den Brief an Elisabeth Hauptmann vom 28. Mai 1946; GBA 29,380 f.).
Erst nach Kriegsende beschäftigte Brecht sich wohl wieder eingehender mit *Mutter Courage*. Den Anstoß dazu gab vermutlich Herbert Ihering, der den seit 1941 in Kalifornien lebenden Autor im Oktober 1945 aufforderte, nach Berlin zurückzukehren. Ihering, der Chefdramaturg am Deutschen Theater im sowjetischen Sektor der Stadt geworden war, teilte ihm auch den Wunsch dieser Bühne

mit, *Mutter Courage* aufzuführen (vgl. den Brief vom 24. Oktober 1945, BBA 211/28).
Das Stück schien Brecht von seinen Werken »am geeignetsten« für eine Aufführung im Nachkriegs-Deutschland zu sein, wie er Ende 1945, Anfang 1946 Peter Suhrkamp mitteilte. Er knüpfte diese Aufführung allerdings an eine Bedingung: Da er »die Hauptrolle für die Weigel geschrieben« habe, »die in einigen Exilsaufführungen einen ganz speziellen Stil dafür entwickelt hat«, müsse das Theater, das an einer Inszenierung interessiert sei, ein »Gastspiel« von ihr ermöglichen (GBA 29,372). Im März 1946 wandte Ihering sich erneut an Brecht und teilte ihm mit, Gustav von Wangenheim, der Intendant des Deutschen Theaters, wolle Helene Weigel auffordern, an dieser Bühne die Mutter Courage zu spielen (vgl. den Brief vom 31. März 1946, BBA 211/29).
1946 konnte Brecht Paul Dessau zu einer Vertonung veranlassen. Der Komponist stellte die Musik im Spätsommer fertig (vgl. Kap. V,2a des vorliegenden Bandes). In diesem Zusammenhang unterzog Brecht den Text einer gründlichen Revision. In die 2. Szene fügte er Eilifs Säbeltanz ein. Außerdem ersetzte er in der 3. Szene das »Lied vom Pfeif-und-Trommel-Henny« durch das »Lied vom Fraternisieren« (zunächst unter dem Titel »Lied der Soldatenhure«), dessen Text er für die Berliner Inszenierung später noch einmal überarbeitete. Das »Lied von Salomon« wurde um die Strophe über den heiligen Martin ergänzt, die Brecht bereits 1939 geschrieben hatte.
Im Oktober 1948 traf Brecht, der seit Ende 1947 in der Schweiz gelebt hatte, in Berlin ein, um *Mutter Courage* am Deutschen Theater zu inszenieren. Bei den Vorbereitungen zur Aufführung arbeitete er einige Szenen um (vgl. Kap. IV,3 des vorliegenden Bandes). Das Stück solle, so pointierte er seine Absicht im *Couragemodell 1949*, »hauptsächlich zeigen«:

»Daß die großen Geschäfte in den Kriegen nicht von den kleinen Leuten gemacht werden. Daß der Krieg, der eine Fortführung der Geschäfte mit andern Mitteln ist,[7] die menschlichen Tugenden tödlich macht, auch für ihre Besitzer. Daß für die Bekämpfung des Krieges kein Opfer zu groß ist.«

GBA 25,177.

Die Textänderungen sollten dazu beitragen, das Missverständnis zu vermeiden, das durch die Uraufführung entstanden war. Habe diese es doch der »bürgerlichen Presse« ermöglicht, »von einer Niobetragödie und von der erschütternden Lebenskraft des Muttertiers zu sprechen« (»Anmerkung« zum Erstdruck; GBA 24,260–264, hier S. 260; vgl. auch *Journal*, 7. Januar 1948; GBA 27,262f.). Den wichtigsten Eingriff kommentierte Brecht im *Journal* selbst:

»Wir haben die erste Szene der ›Courage‹ zu ändern, da hier schon angelegt ist, was bei der Züricher Aufführung den Zuschauern erlaubt hat, sich hauptsächlich von der Dauerhaftigkeit und Tragfähigkeit der gequälten Kreatur (des ewigen Muttertiers) erschüttern zu lassen – wo es doch damit nicht eben weit her ist. Jetzt verliert die Courage den ersten Sohn, weil sie sich in ein kleines Geschäft verstricken läßt, und nur hinzu kommt ihr Mitleid mit dem abergläubischen Feldwebel, das eine Weichheit darstellt, die vom Geschäft kommt und die sie sich nicht lei-

7 Abwandlung des von dem preußischen General und Militärtheoretiker Carl von Clausewitz (1780–1831) geprägten Satzes »Der Krieg ist eine bloße Fortsetzung der Politik mit anderen Mitteln« (*Vom Kriege. Hinterlassenene Werke des Generals Carl von Clausewitz*, 16. Aufl., vollst. Ausg. im Urtext mit historisch-kritischer Würdigung von Werner Hahlweg, Bonn 1952, S. 108 [1. Teil, 1. Buch, Kap. 1, Abschn. 24]; vgl. auch S. 888 [3. Teil, 8. Buch, Kap. 6b]). Brecht bezieht sich auf diese Aussage häufig.

sten kann. Das ist eine deutliche Verbesserung. Sie ist vom jungen Kuckhahn[8] vorgeschlagen.«

Journal. 25. November 1948. GBA 27,284.

Während der Proben zu den Aufführungen in Berlin und München kam es zu weiteren Änderungen, die teilweise in den Erstdruck (1949), teilweise in spätere Ausgaben eingingen (vgl. Kap. IV,3/4 und V,2).

8 Heinz Kuckhahn, Brechts Regieassistent.

IV. Bearbeitungsstufen und Ausgaben

Von *Mutter Courage und ihre Kinder* gibt es keine deutlich unterschiedenen »Fassungen«, wenn man unter diesem Ausdruck Ausführungen eines Werkes versteht, die in konzeptioneller, d. h. thematischer bzw. dramaturgischer Hinsicht voneinander abweichen (wie bei *Leben des Galilei*). Es lassen sich aber mehrere verschiedene Bearbeitungsstufen des Textes feststellen. Die inhaltlichen Differenzen sind vergleichsweise gering. Sie betreffen Tendenzverschärfungen und Akzentverlagerungen und dienen vor allem der Präzisierung des Fabelgehalts. Besonders auffällig sind sie im Vergleich zwischen der 1. Niederschrift von 1939 und dem Erstdruck in Heft 9 der *Versuche* von 1949. Weitere wichtige Bearbeitungsstufen, die im folgenden Überblick berücksichtigt werden, sind der »Matrizentext (Schweden)«, der mit dem 1941 im Theaterverlag Kurt Reiss herausgegebenen Bühnenmanuskript identisch ist, und die korrigierte Neuauflage des Erstdrucks von 1950. Zu den Abweichungen der Spielfassungen von den hektographierten bzw. gedruckten Texten vgl. Kap. V des vorliegenden Bandes.

1. Die 1. Niederschrift (1939)

Das Typoskript der 1. Niederschrift (oder Urfassung) ist von Brecht bzw. fremder Hand mit Maschine auf Durchschlagpapier geschrieben (BBA 490, Archivstempel »Urtext«). Es enthält durchgängig handschriftliche Korrekturen, die sowohl die Hand des Autors als auch die seiner Mitarbeiterin Margarete Steffin erkennen lassen. An die Manuskriptblätter sind seitlich zahlreiche Papierstreifen mit Texteinfügungen angeklebt. Außerdem enthält die Mappe verschiedene Beilagen auf gesonderten Blättern.

Die Texte, die in der Mappe zusammengestellt sind, entstammen offenbar verschiedenen Arbeitsphasen. In der Forschung werden die Beilagen und Texteinfügungen teils zur »Urfassung« gezählt, teils von ihr unterschieden. Der Ausdruck »Urfassung« wird somit uneinheitlich und für verschiedene Textkorpora verwendet.

Die 1. Niederschrift wurde mitsamt einem kritischen Apparat und einer Beschreibung des Textzeugen 1981 von Jan Esper Olsson aus dem Nachlass Brechts veröffentlicht. Der Autor gibt »die erste als lesbarer Text funktionierende Schicht« wieder; seine Rekonstruktion geht also hinter die handschriftlichen Korrekturen zurück, die zusammen mit weiteren Varianten im Apparat vermerkt werden (1981, S. 1).[1] Abweichend von dieser Regel sind jedoch die Texteinfügungen auf den seitlich angeklebten Papierstreifen im Haupttext untergebracht.[2] Das gilt auch für das »Lied vom Pfeif-und-Trommel-Henny«, das auf einem gesonderten Blatt aufgeführt ist und erst bei der Abschrift auf Matrize unter diesem Titel in den Stücktext integriert wurde (BBA 490/27).

Der Text der Urfassung trägt die Überschrift *Mutter Courage und ihre Kinder* und hat keinen Untertitel. Er ist in 11 Szenen gegliedert. Die 3. Szene (in späterer Zählung) besteht noch aus drei selbständigen Szenen, wobei der letzte Teil (= 5. Szene) mit der 4. Szene (in späterer Zählung) zusammengefasst ist (5/5a). Die Szenen 6 und 7 sowie 9 und 10 (des Erstdrucks) gehören noch als 7. bzw. 9. Szene zusammen. Die Orts- und Personennamen weichen von den späteren Bearbeitungsstufen teilweise ab. Der Feldpre-

1 Olsson bietet in seiner historisch-kritischen Ausgabe eine Synopse der Urfassung (BBA 490), des Bühnenmanuskripts des Deutschen Theaters (BBA 1169), des Soufflierbuches der Wiederaufnahme der Berliner Erstaufführung am Berliner Ensemble (BBA Z 1/465–563) und des Textes aus Bd. 4 der *Gesammelten Werke in 20 Bänden*.

2 Zur Begründung dieser Entscheidung vgl. 1981, S. 2. Zur Kritik an Olssons Edition vgl. Bohnen.

diger figuriert als »Kaplan«, die Lagerhure wird »Jeannette Pottier« genannt (in einer Vorstufe »Jessie« bzw. »Jessie Potter«, aufgewachsen auf Batavia [BBA 490/29]), der Koch heißt »Kalle« (in einer Vorstufe »Johnny« [BBA 490/24]) und trägt den Spitznamen »Pfeif- und Trommelhenny« (BBA 490/29) bzw. »Surabajajohnny« (BBA 490/81). In Varianten vor der ersten Korrektur ist er ein Schwede (BBA 490/29) und erbt eine Wirtschaft in Uppsala (BBA 490/89).

Dem Stücktext sind eine Liste mit 9 Szenentiteln (»Vorsprüche«), ein Personenverzeichnis und Hinweise für die Besetzung der Nebenrollen vorangestellt, außerdem eine Übersicht über die Schauplätze, Bemerkungen zum »Hauptausstattungsstück« – dem Planwagen – und zu den Kostümen (BBA 490/1–4). Darin heißt es: An dem Wagen der Courage muss »ihre jeweilige finanzielle Lage erkannt werden«. Bei den Kostümen hat man sich »vor der in historischen Stücken üblichen properen Flottheit in acht[zu]nehmen. sie müssen die Not des langen Krieges zeigen« (BBA 490/4).

Die folgende Auswahl von Textstellen aus der 1. Niederschrift beschränkt sich auf Passagen, die Brecht bei den späteren Bearbeitungen gestrichen oder entscheidend geändert hat.

Der 1. Szene fehlt noch die Episode vom Schnallenhandel. Die Handlungen der Figuren sind teilweise anders motiviert. Die Courage verliert ihren Sohn Eilif an die Soldaten, weil sie abgelenkt ist: Zunächst beschäftigt sie sich damit, ihre Ausweispapiere zu verstauen, dann kümmert sie sich um den Feldwebel, dem die Prophezeiung seines baldigen Todes auf den Magen geschlagen ist. Um ihn zu beruhigen, bietet sie ihm aus ihrem Wagen einen Schnaps an. Die ganze Situation beruht auf Zufällen, die der Werber für die Anwerbung Eilifs ausnutzt. Mit den Worten »Du kannst dir die Stiefel ja wenigstens anschauen« lockt er Ei-

lif hinter den Wagen (»Anmerkung« zum Erstdruck; GBA 24,261).[3]
In der Umarbeitung ist die Courage nicht länger weichherzig, sondern profitgierig. Aber auch der Werber hat berechnende Züge erhalten. Wie die Courage verfolgt er zielstrebig sein berufliches Interesse. Um Eilif ungestört anwerben zu können, fordert er den Feldwebel auf, die Händlerin in einen Handel zu verwickeln (17,22–18,2 [17,16–17,29]). Geändert ist auch Mutter Courages Reaktion auf Kattrins Warnlaute: Aus »Dem Feldwebel ist schlecht, er ist ein Abergläubischer, das hab ich noch nicht gewußt« (»Anmerkung« zum Erstdruck; GBA 24,261) wird »Der Herr Feldwebel zahlt noch« – worauf sie die Münze auf ihre Echtheit prüft (18,25–28 [18,10–13]).
Von der Szene 5a (4. Szene des Erstdrucks) ist eine Variante vor der 1. Korrektur überliefert. Mutter Courage begehrt nach dem Tod des Schweizerkas Zutritt zum Zelt des Rittmeisters, weil sie ihr »marketendergeschäft« »überschreiben lassen« will. Den Passus – offenbar ein blindes Motiv – ersetzte Brecht durch den Satz: »ich komm mich, beim rittmeister beschweren. ich wer schikaniert« (BBA 490/50).
Die Handlungssituation in der 6. (später 5.) Szene wird gegen Ende völlig von dem entschlossenen Handeln der Courage dominiert. Es gibt noch keinen Gegenspieler – wie in der Umarbeitung Kattrin (die ihre Mutter mit einer Holzplanke bedroht) bzw. der Feldprediger (der die Courage von der Wagentreppe hebt, um die Hemden zu holen). Die Courage zerreißt die Offiziershemden zum Verbinden selbst (wenn auch widerstrebend und erst, nachdem der Feldprediger sie zur Herausgabe aufgefordert

3 Brecht zitiert nicht nach der 1. Niederschrift bzw. dem »Matrizendruck (Schweden)«, sondern nach dem 1947 vom Suhrkamp Verlag veröffentlichten Bühnenmanuskript, dessen Text geringfügige Abweichungen aufweist (vgl. Olsson 1981, S. 46f.).

hat), sie mahnt die Umstehenden, das wimmernde Bauernkind aus dem zerstörten Haus zu retten (worauf Katrin sich angesprochen fühlt), drängt dem Feldprediger einen Schnaps auf, befreit ihre Tochter aus den Armen des betrunkenen Soldaten und beschwichtigt den Bauern, dass seinem Kind nichts passiert sei. »Sei ruhig«, besänftigt sie den Feldprediger am Schluss der Szene, »ich zerreiß schon alles« (»Anmerkung« zum Erstdruck; GBA 24,263).[4]
In der 8. Szene folgt auf den Ausruf »also vom Krieg! aha!« (entsprechend 82,24 [66,20]) eine längere Stelle, die – mit Ausnahme des ersten Satzes – in allen späteren Bearbeitungsstufen gestrichen ist.

»MUTTER COURAGE: ich mach ihn nicht. die kaiser, päpst und feldhauptleut machen ihn.

DER KAPLAN: wenn Sie die historie lesen würden, täten Sie sehen, dass die caesar[5] und attila[6] nicht ewig gedauert haben, sondern auf die grauslichste art umgekommen sind. worauf wieder frieden eingezogen ist, immer.

MUTTER COURAGE: und was wirds schon genützt haben? meinens, denen ihr frieden nützt wem das gringste? die armen leut zahlen die niederlagen und zahlen die siege. fürn krieg und fürn frieden werden steuern eingetrieben, ganz gleich, wer oben sitzt! wenn jetzt der kaiser wieder oben sitzt, weil der schwedenkönig hin ist, heisst das nur, das die steuern an den kaiser gehn. habens schon einmal ein wasserrad gesehn, Sie sehens an mühlen. ich werd Ihnen ein lied vorsingen von einem solchen wasserrad, ein gleichnis, wo die grossen drinvorkommen.

4 Therese Giehse machte sich später über den Text der Züricher Spielfassung lustig und zog den Vergleich zu Ganghofer (T. Giehse, *»Ich hab nichts zum Sagen«. Gespräche mit Monika Sperr*, München [u. a.] 1973, S. 71).

5 Vgl. Anm. zu 93,15 *Julius Cäsar* und Anm. zu 94,11.

6 König der Hunnen (seit 434, gestorben – möglicherweise ermordet – 453). Das große Reich, das er durch kriegerische Eroberungen errichtet hatte, zerfiel nach seinem Tod.

SIE SINGT DAS LIED VOM WASSERRAD.
und das rad wird auch jetzt weitergetrieben werden, nur dass ich bankrott bin mit Ihren voraussagen!
DER KOCH: ich bin Ihrer meinung, Courage. für die armen leut hat alles seinen pferdefuß, auch der friede. ZUM KAPLAN: [...]«

Bertolt-Brecht-Archiv 490/78 f. – Mit Genehmigung der Stiftung Archiv der Akademie der Künste, Berlin, und des Suhrkamp Verlags, Frankfurt a. M. [Das Bertolt-Brecht-Archiv wird hier zitiert als: BBA.]

Der Wortlaut der Fortsetzung entspricht wieder weitgehend dem Erstdruck. Das »Lied vom Wasserrad« fehlt im Typoskript.
Das Lied, das Brecht 1934 unter dem Titel »Die Ballade vom Wasserrad« (GBA 14,207) veröffentlichte und 1936 in das Stück *Die Rundköpfe und die Spitzköpfe* aufnahm (8. Szene; GBA 4,234 f. [Fassung 1938]; vertont von Hanns Eisler), verwendet das traditionsreiche Motiv vom Rad der Fortuna[7], das den Wechsel von Aufstieg und Fall der Herrschenden als unaufhörlichen Kreislauf illustriert. In dem Lied kontrastiert Brecht den ›Glücksumschwung‹ der »Großen dieser Erde« mit der Fortdauer der Unterdrückung. Der historische Wechsel sei für das Volk zwar »tröstlich«, doch ändere er nichts an seiner sozialen Lage: das unterdrückte Volk »trägt die Spesen«. Der Refrain nimmt den Gegensatz zwischen ›Oben‹ und ›Unten‹ wieder auf und integriert ihn in das Bild vom Wasserrad:

»Freilich dreht das Rad sich immer weiter
Daß, was oben ist, nicht oben bleibt.
Aber für das Wasser unten heißt das leider
Nur: daß es das Rad für ewig treibt.«

GBA 14,207.

7 Altrömische Glücks- und Schicksalsgöttin.

Dass Brecht das Gedicht (mitsamt dem Kontext) strich, dürfte sich daraus erklären, dass ihm das Bild als zu fatalistisch erschien. Die Verse des Refrains konnten das Missverständnis wecken, es solle eine allgemeingültige Aussage über die Zeitläufte gemacht werden, in der sich zwar die Lage der Herrschenden beständig verändere, die der Beherrschten aber gleich bleibe. Brecht war vermutlich weiter der Ansicht, dass diese Aussage durch das Stück keine zulängliche Relativierung erfuhr. Bei der Neuveröffentlichung des Liedes in den *Hundert Gedichten* (1951; unter dem Titel »Das Lied vom Wasserrad«) änderte er den Refrain der 3. (und letzten) Strophe in die Verse:

»Denn dann dreht das Rad sich nicht mehr weiter
Und das heitre Spiel, es unterbleibt
Wenn das Wasser endlich mit befreiter
Stärke seine eigne Sach betreibt.« GBA 14,568.

Weitere Unterschiede zu den späteren Bearbeitungsstufen lassen sich bei den Liedern bemerken. In der 3. Szene singt Jessie (später Jeannette bzw. Yvette) das 1929 von Kurt Weill vertonte »Lied vom Surabajajohnny« (aus der Komödie *Happy End* von Elisabeth Hauptmann; Brecht schrieb das Lied 1926; GBA 13,344–346). Dem »Lied vom Abwarten«, das später den Titel »Lied von der großen Kapitulation« erhielt, das die Courage in Szene 5a (später 4. Szene) vorträgt, fehlen noch die eingeschobenen Redensarten, dem »Lied von Salomon« die Strophe über den heiligen Martin.

Die Mappe mit der Urfassung enthält auch einen Prolog in Versen; er wurde später aber nicht benutzt (BBA 490/107). Im Nachlass befindet sich außerdem das Fragment einer Versfassung der 1. Szene (BBA 491/25–28).

2. Der »Matrizentext (Schweden)« / Das Bühnenmanuskript von 1941

Der »Matrizentext (Schweden)« (BBA 1905) besteht aus 44 durchnummerierten Seiten. Die Handlung ist in 9 Szenen gegliedert, von denen einige geteilt sind. Die Szenen 3–5 und 10–11 (der 1. Niederschrift) wurden zusammengelegt (3/3a/3b bzw. 9/9a). Die 7. und die 9. Szene wurden unterteilt und erhielten die Nummerierung 6/6a bzw. 8/8a. Dem Stücktext sind die gleichen (textlich aber nicht identischen) Verzeichnisse wie der 1. Niederschrift vorangestellt – mit Ausnahme der »Vorsprüche«, die nun am Beginn der jeweiligen Szenen stehen. Die Szenentitel entsprechen schon weitgehend dem Erstdruck. Das Personenverzeichnis enthält die endgültigen Namen. Auch die Ortsbezeichnungen im Stücktext sind mit dem Erstdruck identisch.

In der 3. Szene ersetzte Brecht das »Lied vom Surabaja-johnny« durch das »Lied vom Pfeif-und-Trommel-Henny«. In der 4. Szene (Szene 5a der 1. Niederschrift) wurde das »Lied vom Abwarten« in das »Lied von der großen Kapitulation« umbenannt.[8] Die Textstelle, in der die Courage das »Lied vom Wasserrad« vorträgt (7. Szene; 8. Szene der 1. Niederschrift), wurde gestrichen.

Der »Matrizentext« wurde 1941 vom Theaterverlag Kurt Reiss in Basel als Bühnenmanuskript vertrieben, wobei der Untertitel ergänzt wurde (BBA 487 bzw. 488). Dieser Text lag der Züricher Uraufführung zugrunde.

Ein Vorabdruck der 6. Szene erschien 1940 unter dem Titel »Feldhauptmann Tilly wird begraben« in der Zeitschrift *Internationale Literatur. Deutsche Blätter* (Moskau, 10. Jg., H. 12, S. 3–8).

8 Das »Lied vom Pfeif-und-Trommel-Henny« und das »Lied von der großen Kapitulation« (unter diesem Titel) finden sich allerdings bereits als Beilagen in der Urfassung (BBA 490/27 bzw. 490/55).

3. Der Erstdruck in Heft 9 der *Versuche* (1949)

Mutter Courage und ihre Kinder erschien 1949 in Heft 9 der *Versuche* (20. Versuch) beim Suhrkamp Verlag in Berlin und Frankfurt a. M. Der Text des Erstdrucks ist nicht zu verwechseln mit dem Text der Berliner Erstaufführung. Die Drucklegung erfolgte vor Abschluss der Proben. Änderungen am Text, die nach der Drucklegung anfielen, wurden – sofern sie nicht nur für die Aufführung galten – in die korrigierte Neuauflage von 1950 übernommen.

Der Publikation gingen zwei weitere Bühnenmanuskripte voraus, die im Suhrkamp Verlag (1947; BBA 1808) und im Theaterverlag Kurt Reiss erschienen (1948; BBA 484/179–250). Sie unterscheiden sich sowohl vom »Matrizentext« als auch untereinander in einigen Details. So fehlt z. B. im Bühnenmanuskript von 1947 das »Lied vom Pfeif-und-Trommel-Henny« mitsamt den einleitenden Worten der Yvette und der Belehrung Kattrins durch ihre Mutter bis zum Auftritt von Koch und Feldprediger (3. Szene). Erst das Bühnenmanuskript von 1948 ersetzt es durch das »Lied vom Fraternisieren« (3. Szene). Hier findet sich im »Lied von Salomon« auch bereits die Strophe über den heiligen Martin (9. Szene).

Der Text des Erstdrucks besteht aus 12 Szenen. Die Szenen 3, 3a und 3b des »Matrizentexts« wurden zur 3. Szene zusammengefasst, die übrigen Teilszenen (6a, 8a und 9a) in selbständige Szenen (7, 10 und 12) verwandelt. Ein Personenverzeichnis fehlt.

Auf die wichtigsten Eingriffe in der 1., 5., 7. und 12. Szene machte Brecht selbst in der »Anmerkung« zum Erstdruck aufmerksam (S. 79–82; GBA 24,260–264).[9] Er verstärkte

9 Die Änderungen, die im Folgenden verzeichnet werden, betreffen außer der 1. Niederschrift auch den »Matrizendruck (Schweden)«. In den Bühnenmanuskripten von 1947 und 1948 sind sie teilweise bereits ausgeführt.

die negativen Züge der Hauptfigur und akzentuierte die Verbindung von Krieg und Geschäft.

Die Umarbeitung der 1. Szene hebt die Mitschuld der Courage am Verlust ihres Sohnes hervor, der Eingriff in der 5. Szene (6. Szene der 1. Niederschrift) ihren Geiz und ihre Hartherzigkeit, wobei es zu Spannungen zwischen ihr und Kattrin kommt (vgl. auch die Ergänzung in der korrigierten Neuauflage 103,30f.).

In der 7. Szene ist eine Textstelle 75,9–19 (61,17–26)[10] neu eingefügt, mit der Brecht die Widersprüchlichkeit der Titelfigur betont: Unmittelbar auf die Worte der Courage (am Schluss der 6. Szene) »Der Krieg soll verflucht sein« (74,10f. [61,7]) folgt nun »Ich laß mir den Krieg von euch nicht madig machen« (75,9f. [61,17f.]). Die anschließende Bemerkung liefert dafür die Begründung.

In der Schlussszene ist ein Satz der Titelfigur gestrichen, der Brecht vermutlich zu viel Mitgefühl verriet. Nachdem Kattrin gestorben ist, wird die Courage vom Bauern ermahnt, aufzubrechen (106,6f. [84,28f.]). Darauf folgte in der 1. Niederschrift der Satz: »Sie atmet noch. Vielleicht schläft sie ein.« (»Anmerkung« zum Erstdruck; GBA 24,264)

Abgesehen von den in der »Anmerkung« erwähnten Änderungen enthält der Erstdruck eine Reihe weiterer Texteingriffe, über die Brecht aber nichts mitgeteilt hat. Sie betreffen sowohl Erweiterungen als auch Ersetzungen und Streichungen.

Einige Erweiterungen heben die ökonomischen Beweggründe für das Handeln der Hauptfigur (und ihrer Umgebung) hervor. Mutter Courage bedauert, dass der Koch sie wieder verlassen muss, als sie überfallen werden: »Grad

10 Die Stellenangaben beziehen sich auf die Taschenbuchausgabe in der edition suhrkamp bzw. auf die GBA, obwohl die Textgrundlagen beider Ausgaben von dem Erstdruck abweichen. Dieser Umstand kann hier jedoch vernachlässigt werden, da die zitierten Änderungen in allen späteren Ausgaben im Wesentlichen identisch sind.

jetzt, wo wir ein bissel verdient haben!« (37,8f. [32,26]); erst der Feldprediger macht ihr bewusst, dass sie mit dem Verkauf ihres Wagens an Yvette ihre (und seine) Existenzgrundlage aufgibt (48,4f. [41,21f.]), worauf sie den Wagen dann nicht verkaufen, sondern nur verpfänden will; Yvette wirft der Courage vor, durch ihren Handel um den Wagen den Freikauf ihres Sohnes vereitelt zu haben (53,10f. [45,27f.]). Nachdem die Courage das Angebot des Kochs, mit ihm gemeinsam ein Wirtshaus in Utrecht zu betreiben, ausgeschlagen hat, ist der Satz eingefügt: »In dem Krieg is noch allerhand für uns drin« (96,32f. [77,31]).
An einigen Stellen verschärfte Brecht die Auseinandersetzung mit der Ideologie des Glaubenskriegs: In der 1. Szene sind die Worte des Werbers (mitsamt des Dementis) ergänzt, es gehe fromm zu im schwedischen Lager (15,27–31 [15,38–16,2]). In der 2. Szene verhöhnt der Feldhauptmann den Feldprediger, weil er nur predige, aber nicht handele wie Eilif (23,14–20 [21,26–31]). In der 3. Szene erkennt die Courage, dass Kriege nicht »aus Gottesfurcht«, sondern »für Gewinn« geführt werden (36,11–17 [31,36–32,3]). In der 6. Szene berichtet sie, dass es zu Unruhen im Heer gekommen sei, weil der Feldhauptmann keinen Sold ausgezahlt und von seinen Leuten verlangt habe, sie müssten umsonst kämpfen, da es sich um einen Glaubenskrieg handele (65,19–21 [54,6–8]). Die zynische Note der Erzählung fehlt in der 1. Niederschrift; stattdessen heißt es: »sie haben ihm den krieg nicht mehr zahln wollen, nix geschickt, an den rechnungen abgezwackt, der ganze krieg soll ihn schon nicht mehr gefreut haben.« (BBA 490/59)
Darüber hinaus nahm Brecht mehrere Streichungen vor, besonders im Text der Courage. In der 3. Szene ist die Erzählung von dem fränkischen Richter (vgl. Anm. zu 51,5–7) getilgt. In der 6. Szene ist die Rede auf den gefallenen Tilly gekürzt. Dabei wird aus »er rottet die lutherischen aus mit stumpf und stiel zur ehre gottes« (BBA 490/59) »er erobert die Welt« (65,27f. [54,14]).

Stärkere Eingriffe weist auch die 8. Szene auf. Einige Stellen wurden gestrichen, darunter das Geplänkel der Courage mit dem Koch (eingeschoben in 81,6 [65,10]):

»DER KOCH: [...] das hat mir schon bei unserm ersten zusammentreffen, was so dramatisch verlaufen ist, an Ihnen gefallen, dass Sie einer gefahr ins aug sehn und sich nix vormachen. ich bin nicht anders.
MUTTER COURAGE: meinen Sie, Sie sind eine gefahr für mich?
DER KOCH: ich hab eher an meine lag gedacht.
MUTTER COURAGE: ach so.«

BBA 490/76f.

Brecht war vermutlich später der Ansicht, dass die Courage durch das Urteil des Kochs und ihre schlagfertige Replik zu gut wegkomme.
Verändert wurde auch der Abgang der Lagerhure. Bezeugt die Verabschiedung des Kochs in der 1. Niederschrift, dass der Zorn über den untreuen Geliebten zwar noch erinnerlich, aber doch verraucht ist (»noch vor zehn jahr hätt ich ihm eine gelangt!« [BBA 490/81]), so in der Überarbeitung die Bosheit und Rachsüchtigkeit der Figur (85,23–28 [68,35–39]). Der soziale Aufstieg hatte seine Kosten: Er hat sie selbstgerecht und gehässig gemacht.
In der 11. Szene wurde die Bereitschaft der Bauern zur Kapitulation verstärkt; besonders die Bäuerin erhielt härtere Züge. Aus der 1. Niederschrift wurden zwei Stellen gestrichen, die ihr Mitleid mit Kattrin, aber auch mit den bedrohten Städtern verraten: Nach den Worten des Bauern: »Wenn die eindringen, stechen sie alles nieder« (101,7 [80,26f.]) folgte in der 1. Niederschrift die Replik der Bäuerin: »(UMARMT KATTRIN, DIE UNRUHIGE LAUTE HERVORSTÖSST): wie kannst du so reden vor ihr, ihre mutter ist drin. sei ganz ruhig, was soll ihr geschehn? bestimmt, der wächter siehts rechtzeitig« (BBA 490/99). Davon blieb im

Erstdruck nur der letzte Satz sinngemäß übrig. Etwas später entspinnt sich in der Urfassung der folgende Dialog:

»DER BAUER: der ganze hang hinunter ist voll von ihnen.
DIE BÄURIN: ein zeichen geben?
DER BAUER: dass sie uns hier oben auch niedermachen?
DIE BÄURIN: ich halts nicht aus, einfach zusehn.
DER BAUER: wir können nix machen. wir haben die ganze zeit nix machen können. sie rauben und brennen, morden und erklären sich krieg und wir müssens halt dulden.«

BBA 490/99.

Scheint es die Bäuerin in der 1. Niederschrift noch für möglich zu halten, den bedrohten Städtern zu Hilfe zu kommen, so hat sie im Erstdruck resigniert (101,18–21 [80,36–39]). Der Wortwechsel dient jetzt nur noch dazu, sich gegenseitig die eigene Mutlosigkeit und fehlende Tatkraft zu bestätigen. Es liegt in der Tendenz dieser Veränderung, wenn Brecht im Erstdruck den Befehl, den in der 1. Niederschrift der Fähnrich der trommelnden Kattrin erteilt – »Hör auf, du Vieh!« (BBA 490/104) – nun der Bäuerin in den Mund legt (104,34 [83,30]).
Änderungen gab es auch bei den Songs: Für das »Auftrittslied« der Courage schrieb Brecht eine neue 2. Strophe und erweiterte die 3. Strophe (vgl. Kap. I des vorliegenden Bandes, Anm. zu 8,28–9,18). In die 3. Szene wurde das »Horenlied« mitsamt den einleitenden Worten des Feldpredigers neu eingefügt (46,6–9 [39,35–38]). Aus dem 1948 publizierten Bühnenmanuskript wurden das »Lied vom Fraternisieren« (3. Szene) und die Strophe über den heiligen Martin (9. Szene) übernommen.

4. Die korrigierte Neuauflage (1950)

1950 erschien im Suhrkamp Verlag eine überarbeitete Auflage des Erstdrucks (Berlin / Frankfurt a. M.). Die Unterschiede betreffen kleinere Umstellungen, Erweiterungen und Streichungen sowie stilistische Korrekturen. Ergänzt wurden u. a. die Überschriften in der 7. und 10. Szene. Gestrichen wurden u. a. einige Regieanweisungen und eine längere Textpassage (in 52,25 [45,10]), in der die Courage von einem – historisch nicht belegten – geheimen Bündnis berichtet, das der Papst mit dem schwedischen König gegen den deutschen Kaiser geschlossen habe (vgl. dazu den Inquisitor in *Leben des Galilei*, der von einem in Europa umgehenden »Gerücht« spricht [1. Fassung 1938/39, 11. Szene; GBA 5,86]). Auch die Fortsetzung fällt fort: Die Courage erzählt, dass ihr für den Wagen »einer einmal fünfhundert Gulden geboten« habe. Das Angebot habe sie aber ausgeschlagen. »Der Eilif, wo mag er sein, hat geglaubt, ich schlag zu, und hat die ganze Nacht geflennt.« (*Versuche*, H. 9, 1949, S. 40)

In der 4. Szene wird für die »Kapitulation« der Courage ein ökonomischer Beweggrund ergänzt: Wenn sie nicht »aufmucke«, dann deshalb, erklärt sie dem jungen Soldaten, weil es das Geschäft schädigen könne (58,12f. [48,36f.]).

Bemerkenswert ist auch die Änderung, die Brecht am Feldprediger vornahm. Erst die Neuauflage macht völlig deutlich, dass dieser durch den Krieg belehrt wird. Im Erstdruck ist das bereits angelegt: In der 5. Szene zwingt er die Courage, die Hemden zum Verbinden der Verwundeten herauszugeben. Damit beweist er einmal mehr, dass er nicht nur predigen, sondern auch handeln kann (was der Feldhauptmann in der 2. Szene bezweifelte). Die Überarbeitung setzt einen zusätzlichen Akzent (8. Szene): Der Feldprediger kann zwar handeln; aber nun ist ihm das Predigen vergangen, auf dessen von Gott verliehener

Gabe er kurz zuvor noch so stolz gewesen war (71,13f. [58,34f.]). Statt 83,11–19 (66,39–67,7) heißt es im Erstdruck:

»DER KOCH [...]: Sie können doch sofort wieder eine Stell kriegen. Köch wird man nicht brauchen, zum Kochen ist nix da, aber geglaubt wird immer noch, da hat sich nix verändert.

DER FELDPREDIGER: Vorhin haben Sie anders geredet. Sie wolln sich einfach hier einigeln!«

Versuche. H. 9. 1949. S. 60. – © Suhrkamp Verlag, Frankfurt a. M.

Die korrigierte Neuauflage ist die Textgrundlage der GBA, die im Kommentar ein vollständiges Verzeichnis der Varianten des Erstdrucks – mit Ausnahme der verbesserten Fehler – gibt (6,387–392). Die Textgrundlage der Taschenbuchausgabe in der edition suhrkamp ist der Abdruck des Stücks im 7. Band der *Stücke in 12 Bänden* (Berlin / Frankfurt a. M.: Suhrkamp, 1957). Die Texte dieser Ausgaben unterscheiden sich nur geringfügig; einige Abweichungen sind in Kap. I des vorliegenden Bandes verzeichnet.

V. Dokumente zur Inszenierung

1. Zürich (Schauspielhaus) 1941

Die Uraufführung von *Mutter Courage und ihre Kinder* fand am 19. April 1941 unter der Regie von Leopold Lindtberg am Züricher Schauspielhaus statt. Die Musik schuf Paul Burkhard, der auch selbst dirigierte. Den von Teo Otto entworfenen Bühnenaufbau übernahm Brecht später für seine eigenen Inszenierungen:

»Das Modell [Teo Ottos] verwendete für einen stehenden Rahmen, bestehend aus großen Schirmen, die Materialien der Kriegslager des siebzehnten Jahrhunderts: Zeltleinwand, mit Stricken zusammengehaltene Holzbalken usw. Baulichkeiten wie Pfarrhof und Bauernhaus wurden plastisch hereingestellt, realistisch nach Bauart und Baumaterial, aber in künstlerischer Andeutung, stets nur soviel davon, wie dem Spiel dienlich war. Auf dem Rundhorizont standen farbige Projektionen, und für die Fahrten wurde die Drehscheibe benutzt.«

Couragemodell 1949. GBA 25,174.

Die Courage wurde von Therese Giehse gegeben, ihre Kinder wurden von Wolfgang Langhoff (Eilif), Karl Paryla (Schweizerkas) und Erika Pesch (Kattrin) dargestellt. Den Koch spielte Wolfgang Heinz, den Feldprediger Sigfrit Steiner, die Yvette Angelika Arndts. Textgrundlage der Aufführung war das 1941 im Theaterverlag Kurt Reiss in Basel publizierte Bühnenmanuskript (vgl. Kap. IV,2 des vorliegenden Bandes). Lindtberg strich das »Lied vom Pfeif-und-Trommel-Henny« (3. Szene), das Brecht erst in den »Matrizentext« eingesetzt hatte. Der Autor akzeptierte diese Entscheidung später und tauschte es durch das »Lied vom Fraternisieren« aus (Lindtberg, S. 120). Zur

Vermeidung von Missverständnissen wurde Schweizerkas in »Schweizerköbi«[1] umbenannt. Das Stück wurde insgesamt zehnmal gespielt.

2. Brechts Inszenierungen

a) Berlin (Deutsches Theater) 1949

Die Berliner Erstaufführung der *Mutter Courage* fand am Deutschen Theater statt. Brecht teilte sich die Regie mit Erich Engel. Die Proben für die Inszenierung begannen am 11. November 1948. Am 9. Januar 1949 fand eine geschlossene Voraufführung für die Gewerkschaften statt (vgl. *Journal*, 17. bzw. 28. Januar 1949; GBA 27,298 bzw. 299). Die Premiere war am 11. Januar, unter Anwesenheit der Kulturoffiziere aller vier Besatzungsmächte (vgl. den Brief an Piscator vom 5. März 1949; GBA 29,504). Die Titelrolle war mit Helene Weigel besetzt. Ernst Kahler spielte den Eilif, Joachim Teege den Schweizerkas, Angelika Hurwicz die Kattrin. Der Koch wurde von Paul Bildt, der Feldprediger von Werner Hinz, die Yvette von Renate Keith gegeben. Das Bühnenbild schuf Heinrich Kilger unter Verwendung der Entwürfe von Teo Otto. Die Kostüme stammten von Kurt Palm.

Der Bühnenaufbau wich von der Uraufführung geringfügig ab. Die Größe und Stellung der Schirme wurde verändert. Die Schirme wurden nur noch in den Lagerszenen benutzt, sodass diese sich von den Landstraßenszenen deutlich absetzten. Bei den Aufbauten (in Szene 2, 4, 5, 9, 10, 11) erhielt der Berliner Bühnenbauer freie Hand, »das Prinzip bei-

1 *Köbi:* Kurzform von »Jakob«, meist mit vergröbernder Nebenbedeutung: starker, dicker, etwas roher Mensch; auch grober, mürrischer Mensch oder Kauz (vgl. *Schweizerisches Idiotikon. Wörterbuch der schweizerdeutschen Sprache*, ges. auf Veranstaltung der Antiquarischen Gesellschaft in Zürich unter Beihülfe aus allen Kreisen des Schweizervolkes, Bd. 3, Frauenfeld 1895, Sp. 109).

behaltend«. An die Stelle der Hintergrundprojektionen traten über die Szenen gehängte Ländernamen »in großen schwarzen Buchstaben«. Helles, »gleichmäßiges, ungefärbtes Licht« sollte den »Rest von ›Atmosphäre‹ [beseitigen], welche die Vorgänge leicht romantisch macht«. Das Übrige wurde nahezu völlig beibehalten, »besonders die vorzüglichen Stellungen des Planwagens, und das letztere bedeutet viel, denn damit war schon viel von der Gruppierung und dem Ablauf der Vorgänge von vornherein festgelegt«. (*Couragemodell 1949*; GBA 25,174)

Der Vorhang wurde durch eine »halbhohe, leichte Leinengardine« ersetzt, »auf der im folgenden die Szenentitel projiziert« wurden (ebd.).[2]

Den Planwagen beschrieb Brecht als »ein Zwischending zwischen einem Militärfahrzeug und einer Krämerbude«. Er trägt zwei Aufschriften: »Zweites Finnisches Regiment« und »Mutter Courage, Spezereien«. Sein Zustand und das Warenangebot ändern sich je nach Geschäftsgang während der »Historie« mehrmals (ebd.).

Die Bühnenmusik, die Paul Dessau 1946 »in engster Zusammenarbeit« mit Brecht geschaffen hatte, war von dem Komponisten überarbeitet worden. Sie bestand aus »zehn Liedern, einigen Märschen, einem kurzen Vorspiel und einem Finale, das die drei verschiedenen Marschthemen zusammenfaßt, die im Stückablauf eine dramatische Rolle spielen.« Über die Instrumentierung schreibt Dessau:

»Das Orchester besteht aus sieben Musikern. Das Klavier erhält durch kleine Reißnägel auf den Hämmern den Klang, der an eine übergroße Gitarre erinnert (Wanzen-

2 Brecht verwendete die aus dem Jahrmarkttheater herrührende Halbgardine in seinen Inszenierungen seit Ende der zwanziger Jahre. Sie verdankt sich einer Anregung seines Bühnenbildners Caspar Neher (1897–1962), der sie bei der Uraufführung von *Mann ist Mann* in Darmstadt (1926) einsetzte. Vgl. auch den Text »Warum die halbhohe, leicht flatternde Gardine?« (GBA 23,176f.) und das Gedicht »Die Vorhänge« (GBA 12,328f.). Beide Texte entstanden 1951.

klavier). Nur durch diese wesentliche Zutat ergibt sich das neuartige Klangbild, das durch das hinzukommende Akkordeon, die zwei Flöten, eine (mit Ausnahme der Bühnenfanfaren) fast durchweg sordinierte[3] Trompete und Schlagzeug entsteht. Die Gitarre wird an einigen Stellen solistisch eingesetzt. Bei der Wiedergabe der Courage-Musik soll man den Eindruck haben, als hörte man altbekannte Weisen in neuer Form, ein Volksgut, dessen Eigenart mehr in seinen Charakteren und Phrasenabwandlungen liegt, als in einzelnen Tonfolgen oder gar in ›landläufigen‹ Harmonien. Denn die echte Volksmusik erhält wohl erst durch ihre weitläufige Variabilität einen erzieherischen und fortschrittlichen Wert.«

Paul Dessau: Zur Courage-Musik. In: Theaterarbeit. 6 Aufführungen des Berliner Ensembles. Hrsg. vom Berliner Ensemble, Helene Weigel. Red.: Ruth Berlau [u. a.]. Dresden: VVV Dresdner Verlag, 1952. S. 274–280, hier S. 274; 280. – © Maxim Dessau, Zeuthen.
[Im Folgenden zit. als: Theaterarbeit.]

Die Musiker befanden sich in einer Loge neben der Bühne. Um den Zuschauer auf den Wechsel vom gesprochenen Wort zur Musik aufmerksam zu machen, wurde vom Schnürboden ein »Musikemblem« heruntergelassen, »bestehend aus Trompete, Trommel, Fahnentuch und Lampenbällen, welche aufleuchteten.« (*Couragemodell 1949*; GBA 25,173) Auf diese Weise sollte der Eindruck vermieden werden, »die Lieder ›wüchsen aus der Handlung heraus‹« (ebd.).
Für die Inszenierung am Deutschen Theater wurde eine neue Reinschrift des Stücktextes angefertigt (BBA 1169), die auf das Bühnenmanuskript zurückgeht, das 1948 im Theaterverlag Kurt Reiss erschien (BBA 484/179–250). Das Typoskript ist in der historisch-kritischen Ausgabe

3 gedämpfte.

Skizze des Wagens der Courage von Teo Otto
Zur Uraufführung im Schauspielhaus Zürich (1941) bzw. zur Berliner Erstaufführung (1949)

von Olsson (1981) abgedruckt, die im Apparat die Änderungen nachweist, die unter den Proben gemacht wurden. Die Regiebücher von Brecht (BBA 485) und Engel (BBA 484/1–178) sowie das Soufflierbuch (BBA 1554) sind Exemplare des neuen Typoskripts.

In der 1. Szene kam es zu einer Textumstellung. Das Stück wurde mit dem »Geschäftslied« der Courage eingeleitet (*Couragemodell 1949*; GBA 25,178). Anfang und Ende waren damit textlich verklammert: Das Stück beginnt mit einer Strophe desselben Liedes, mit dem es auch schließt. In der 3. Szene fügte Brecht nach dem Ausspruch des Kochs »ich hab mich nicht getäuscht in Ihrem Gesicht« (35,18f. [31,10f.]) den Satz ein: »und der Krieg ist ein Glaubenskrieg«. Anschließend stimmte der Koch zusammen mit dem Feldprediger und der Courage Luthers Choral »Ein feste Burg ist unser Gott« (1529) an (*Couragemo-*

dell 1949; GBA 25,200; vgl. BBA 1554/36). Das »Horenlied«, das Brecht für die Berliner Inszenierung in den Text eingefügt hatte, wurde für die Aufführung gestrichen, da es, wie der Autor meinte, »bei dem gegenwärtigen Stand des Ruinentheaters nicht gemacht werden kann. [...] selbst wenn dem Darsteller die Härte und Feinheit nicht fehlte, der allgemeine artistische Standard der Darstellung des Stücks höher, die neue Technik der Verfremdung anwendbar wäre, müßte man noch an der Aufnahmefähigkeit des Publikums zweifeln« (Brief an Paul Dessau vom 1. Januar 1949; GBA 29,487). Auch die Strophe über den heiligen Martin wurde nicht verwendet (9. Szene). Zu weiteren Textänderungen vgl. Olsson 1981, S. 30–54.
Den Schauspielern, die die traditionelle Spielweise gewohnt waren, bereitete die neue epische Schauspieltechnik erhebliche Schwierigkeiten. Am 12. Dezember 1949 notierte Brecht ins *Journal*, er habe in den Proben »vorsichtig mit der Episierung« begonnen: »Sofort gliedern sich die Szenen, indem die Drehpunkte [der Fabel] sichtbar werden.« (GBA 27,290) Am 21. Dezember heißt es ernüchtert: »Nötig wären vier Monate Proben. Wirkliche Episierung so nicht möglich« (GBA 27,292). Brecht legte großen Wert auf die neue Spielweise, führte er doch das Missverständnis, das die Züricher Uraufführung beim Publikum und bei der Presse hervorgerufen hatte, auch darauf zurück, dass eine (nicht epische) Darstellungsart gewählt wurde, »welche Einfühlung in die Hauptperson bewirkt« (»Mutter Courage, in zweifacher Art dargestellt«, entst. 1951; GBA 23,408–410, hier S. 408).
Der Autor machte sich von der Aufführung zahlreiche Aufzeichnungen – sogenannte Notate. Außerdem beauftragte er seine Mitarbeiter, die Inszenierung zu dokumentieren. Ruth Berlau und Hainer Hill stellten Fotografien her.
Die Szenenbeschreibungen gingen, ergänzt um Aufzeichnungen und Fotografien von den Inszenierungen in Mün-

chen (1950) und am Berliner Ensemble (1951), in den Band *Theaterarbeit* ein. 1955/56 überarbeitete Brecht das Manuskript zusammen mit Ruth Berlau und Peter Palitzsch und nahm eine neue Auswahl aus dem gesammelten Material vor. Die Zusammenstellung wurde postum 1958 im Ostberliner Henschelverlag in der Mappe *Couragemodell 1949. Mutter Courage und ihre Kinder. Text, Aufführung, Anmerkungen* (hrsg. von der Deutschen Akademie der Künste) publiziert. Die Mappe umfasste auch die Buchausgabe des Stückes (nicht die Bühnenfassung des Berliner Ensembles) und Fotografien von den Inszenierungen.

Brechts Aufzeichnungen im *Couragemodell 1949* dokumentieren die Aufführung am Deutschen Theater und verzeichnen abweichende Lösungen an den Münchener Kammerspielen und am Berliner Ensemble, die z. T. auf das Modell übergingen. Neben einleitenden Bemerkungen zum Modellcharakter der Aufführung, zur Fotografie, zur Musik, zum Bühnenbau, zu den Requisiten und zum Verhältnis von Realismus und Illusion enthält die Textsammlung vor allem praktische Anweisungen zur szenischen und schauspielerischen Gestaltung. Für jede Szene wird zunächst der Handlungsverlauf bzw. die Ereignisfolge angegeben. Anschließend wird das »Grundarrangement« beschrieben, das »die Geschichte erzählt« (vgl. »Hemmt die Benutzung des Modells die künstlerische Bewegungsfreiheit?« [1949]; GBA 25,386–391, hier S. 389). Es folgen Angaben zu den Gruppierungen und Stellungswechseln, zur Anlage der Figuren, zu gestischen Details, zur Wirkung auf die Zuschauer, zu Fehlern in der Darstellung und zu Texteingriffen. Außerdem werden Hinweise zur Interpretation des Stücks und zur epischen Spielweise gegeben.

Besondere Aufmerksamkeit widmete Brecht der nicht verbalen Rollengestaltung durch Gestik und Pantomime. Dabei berücksichtigte er auch die szenischen Einfälle der Schauspieler. Von der Berliner Erstaufführung hielt er u. a. fest:

– Die Courage klappte beim Bezahlen eines Handels »die umgehängte Ledergeldtasche hörbar zu« (*Couragemodell 1949*; GBA 25,186 [vgl. besonders die 1., 2., 5., 6. und 12. Szene]).

– Während die Courage sich über die schlechten Feldhauptleute beschwerte, rupfte sie heftig den Kapaun, dem Vorgang »eine Art symbolische Bedeutung verleihend« (2. Szene; ebd., S. 193).

– Der Obrist drückte in den »leidenschaftlichen Augenblicken« seinen Stock so zu Boden, dass er sich bog und sofort wieder zurückschnellte, »was unwiderstehlich komisch die grausig aggressive Impotenz andeutete.« (3. Szene; ebd., S. 199)

– Zu Beginn der 5. Szene leerte die Courage zwei Schnäpse; nur so konnte sie durch die ganze Szene ›hart‹ sein »angesichts des Elends« (ebd., S. 208).

– Die Courage fütterte ihre Tochter mit dem Löffel, während sie die Worte sagte: »Glaub nicht, daß ich ihm deinetwegen den Laufpaß gegeben hab« (9. Szene [97,3f. (77,34f.)], ebd., S. 226).

– Die Courage zählte dem Bauern das Beerdigungsgeld in die Hand, steckte aber eine Münze zurück in die Ledertasche, damit ›zeigend‹, dass sie »in all ihrem Schmerz nicht das Rechnen ganz vergißt«; sie ›zeigte‹ es »als eine Entdeckung in bezug auf die menschliche Natur«, die durch die konkreten gesellschaftlichen Verhältnisse gebildet wird (12. Szene; ebd., S. 240).

Seine Auffassung vom epischen Theater sah Brecht in der Aufführung des Deutschen Theaters nur teilweise realisiert. Zwar habe es fruchtbare Ansätze gegeben, aber das »eigentliche Ziel des Epischen« sei nicht erreicht worden: »Vieles zeigte sich, aber das Moment des Zeigens fehlte schließlich. [...] Dieses epische Grundelement wurde nirgends vermißt; wohl darum wagten die Schauspieler nicht, es zu offerieren« (ebd., S. 242).

b) München (Kammerspiele) 1950

Anfang September 1950 reiste Brecht nach München, um das Stück an den Kammerspielen einzustudieren (Premiere: 8. Oktober). Das Berliner Modell wurde im Wesentlichen unverändert übernommen – was weder szenische noch textliche Eingriffe ausschloss. Die Rollen waren mit neuen Schauspielern besetzt: Therese Giehse spielte die Courage, Hans Christian Blech den Eilif, Karl Lieffen den Schweizerkas, Erni Wilhelmi die Kattrin. Der Koch wurde von Friedrich Domin, der Feldprediger von Peter Lühr, die Yvette von Irmgard Lapsien dargestellt. Das Bühnenbild entwarf Teo Otto. Ruth Berlau und Ruth Wilhelmi fotografierten die Aufführung.

Die Textgrundlage wurde von der Berliner Aufführung übernommen (Textbuch BBA 489, Inspizierbuch BBA 1279). Am Schluss der 9. Szene wurde eine Streichung rückgängig gemacht, der Satz der Courage: »In dem Krieg is noch allerhand für uns drin« (96,32f. [77,31f.]). Am Schluss der 12. Szene wurde der Satz der Courage neu eingefügt: »Ich muß wieder ins Geschäft kommen.« (*Couragemodell 1949*; GBA 25,241. Vgl. Kap. I, Anm. zu 107,25f.)

Brecht sah in der erfolgreichen Aufführung eine Bestätigung für seine Arbeit mit dem Modell. Befriedigt notierte er nach der Premiere in sein *Journal*: »Die Arrangements des Modells triumphieren. Giehse, Domin, Blech, Wilhelmi, Lühr, Lieffen, ganz verschieden von Berlin und ausgezeichnet« (8. Oktober 1950; GBA 27,316). Das Stück blieb bis zum 21. Januar 1951 auf dem Spielplan des Theaters und wurde 27 Mal gespielt.

Der Autor resümierte seine Leitvorstellungen für die Inszenierung in dem Text »Feststellungen bei der Verwendung des Berliner Modells in München (September 1950)«, der erstmals 1991 veröffentlicht wurde (GBA 24,265–267).

Die folgende Dokumentation beschränkt sich auf Änderungen am Berliner Modell, die von Mitarbeitern Brechts aufgezeichnet wurden. Der erste Text stammt aus dem Ruth-Berlau-Archiv und wird hier vollständig nach dem Typoskript wiedergegeben. Der Autor – Egon Monk[4] – geht besonders auf Änderungen im »Vorspiel« und in den Szenen 9–12 ein.

»Vorspiel

1 Kostüm: Die Gefahr, daß die Courage als Beispiel kleiner Leute aufgefaßt werden könnte, die ›in den Krieg verwickelt werden‹ und ›da garnichts machen können‹, veranlaßte uns, die Darstellung des langen Weges, den die Händlerin fährt, um in den Krieg zu kommen, auch im Kostüm deutlicher zu machen. Die Söhne der Courage gingen im Vorspiel mit aufgeknöpften Wämsern und barfuß, zogen sich in der kurzen Pause zur ersten Scene um und kamen dann erst mit Schuhen, Fußlappen und in den wattierten Jacken. So versuchten wir zu zeigen, wie die Courage durch Sommer und Herbst dem Krieg nachjagt.

2 Schöner und charakteristischer als in der Berliner Aufführung war auch das Ziehen des Wagens. Dadurch, daß die Scheibe sich nur sehr langsam drehte, waren die Darsteller des Eilif und des Schweizerkas gezwungen, viel mehr Zeit auf ihre Schritte zu verwenden, als man das in

4 Das Typoskript, bestehend aus neun unpaginierten Blättern, trägt auf dem oberen Rand des ersten Blattes die handschriftliche Bemerkung Ruth Berlaus: »Münchner Aufführung. Munk-Notate«. Der Autor Egon Monk, der an der Münchener Aufführung als Regieassistent beteiligt war, bestätigte in einem Brief vom 23. Mai 2003 an den Verfasser die Urheberschaft. Monk gehörte seit 1949 zu Brechts Team. Aus den Stichworten, die Monk sich machte, wurden »über hundert Seiten mit fast ebenso vielen Szenenbeschreibungen« (Egon Monk, »*Mutter Courage* in München«, in: *Sinn und Form* 50, 1998, H. 1, S. 74–95, hier S. 79). – Die orthographischen Eigenarten des Originals wie auch die Interpunktion wurden beibehalten, eindeutige Versehen jedoch korrigiert.

Wirklichkeit tut. Sie mußten das Wagenziehen spielen. Aber es gab noch einen anderen Grund. Im japanischen Nô-Theater wird einem Schauspieler, wenn er auf der Bühne körperliche Arbeit darzustellen hat, der Text vom Chor abgenommen. Der Schauspieler kann seine ganze Aufmerksamkeit auf das Pantomimische richten. Ähnlich war es auch mit dem Wagenziehen in der Münchner Aufführung der Courage. Die Giehse als Marketenderin Anna Fierling sang ihr Geschäftslied, bis auf den letzten Refrain, allein. Blech als Eilif und Lieffen als Schweizerkas waren nur damit beschäftigt, den Wagen zu ziehen.

3 Die Giehse als Courage stand während des Vorspiels vorn neben Kattrin im Wagen. Während des ziemlich langen Zwischenspiels zwischen der ersten und zweiten Strophe hielt sie, die Augen mit der Hand beschattend, Ausschau nach vorn über den Weg. Sie informierte sich über die Beschaffenheit der Straße, aber sie sah auch nach dem Krieg aus.

9. Scene Der Koch wird verabschiedet

1 Die Giehse als Courage alterte nicht kontinuierlich sondern sprunghaft, fast übergangslos. Während sie die achte Scene noch kaum älter spielte als die erste, kam sie in der neunten, der Bettelscene, um mindestens zehn Jahre gealtert. Dadurch, daß sie erheblich kleinere Schritte machte als bisher, leise sprach und zwischen den einzelnen Worten Pausen ließ, als fehle es ihr schon an Luft, sah es auch so aus, als sei die Courage kleiner geworden, seit wir sie das letztemal sahen. Zusammengedrückt von der Kälte und den Sorgen.

2 Domin als Koch sagte die Texte zwischen den Strophen des Salomonsongs, das lutherische ›Was ist das‹, ausdruckslos als auswendig gelernte Litanei herunter. Er erzielte eine außerordentlich menschliche Wirkung, wenn er

den Satz ›… sagen wir, eine warme Supp. Ich zum Beispiel hab keine und möcht eine‹ plötzlich ganz natürlich sprach und dabei erwartungsvoll zum Fenster des Pfarrhauses hinaufsah.

3 Die weit aus dem Haus herausgebaute Treppe ermöglichte es, den Bettelgang groß auszuspielen. Der Koch und die Courage gingen langsam und vorsichtig, der vereisten Stufen wegen sich am Geländer festhaltend, die Treppe hinauf, blieben auf dem oberen Absatz stehen und verbeugten sich tief bevor sie eintraten. Ebenso vorsichtig und wiederum mit Verbeugungen gingen sie die Treppe auch wieder hinunter. Die Courage stellte, nachdem sie die stumme Kattrin gefüttert hatte, den Napf mit einer Verneigung auf die Treppe.[5]

4 Wieder aufgemacht wurde der in der Berliner Aufführung gestrichene Satz ›In dem Krieg ist noch allerhand drin für uns‹. Neben dem Schlußsatz der Courage in der zwölften Scene (›Ich muß wieder in ein Handel kommen‹) ist hier die letzte Gelegenheit zu zeigen, dass die Courage noch immer nichts gelernt hat.

5 Das Herauslegen der Sachen des Kochs wurde von der Giehse als Demonstration gespielt. Sie bekräftigt damit, vor allem Kattrin gegenüber, die Endgültigkeit ihres Entschlusses. Andererseits hat sie den Koch gern gehabt und es fällt ihr nicht leicht, sich von ihm zu trennen. Alternd und in diesem Augenblick sichtbar vom Krieg heimgesucht, aber nicht sehend, daß der Krieg sie auffrißt, in Lumpen gehüllt und erschöpft von der Kälte und vom Hunger, aber immer noch voll Hoffnung, am Krieg zu verdienen, blieb die Courage der Giehse, nachdem sie das Bündel des Kochs hatte fallen lassen, für einige Zeit nachdenklich mit erhobenem Arm stehen. (siehe Fotomodell) Ohne Waren im Wagen und nachdem ihr von ihren Kin-

5 Helene Weigel übernahm in der Neueinstudierung die Verbeugungen (vgl. *Couragemodell 1949*; GBA 25,227).

dern nur noch die stumme Kattrin geblieben ist, verabschiedet sie nun auch den Koch. Den letzten Mann in ihrem Geschäft.

10. Scene Landstraße. Mutter Courage und Kattrin ziehen den Planwagen. Sie kommen an einem Bauernhaus vorbei, aus dem eine Stimme singt.

Wir probierten das Lied zunächst mit einer Sängerin, mußten aber bald einsehen, daß die geschulte Stimme den Charakter des Liedes entstellte. Wir wollten keinen kunstvollen Gesang, sondern es sollte der Eindruck entstehen, als würde das Lied unbeteiligt von einer Bäuerin bei der Arbeit gesungen. Wir fanden auch eine Schauspielerin, die Darstellerin der Yvette, die laut und kalt die Worte singen konnte, ohne sich von der Stimmung der Scene mitnehmen zu lassen. Die Scene war sentimental, solange aus der Stimmung gespielt wurde, und sie wurde poetisch, sobald gegen die Stimmung gespielt wurde. Die Stimme der betreffenden Darstellerin wurde von niemandem erkannt.

11. Scene Die Trommelscene

1 Der Fähnrich gibt seine Anweisungen zu Beginn der Scene kalt und geschäftsmäßig. Was er da macht, ist nichts besonderes. Ein Fall unter vielen. Auch die Soldaten leisten Routinearbeit. Die Routine der Schinder entspricht dem Zeremoniencharakter der Verzweiflung auf der Seite der Geschundenen. Der Krieg ist zum Kriegshandwerk geworden.

2 Interessiert sind die Soldaten nur, wenn der junge Bauer sich anfänglich weigert, sie zu führen. Das bringt Abwechslung in das ewige Einerlei des Schindens. Sie sind menschlich enttäuscht von ihm, als er so schnell kapituliert. Gelangweilt zerren sie ihn weg.

3 Die Soldaten erregen sich auch nicht, wenn Kattrin trommelt. Gefährdet ist nur der Fähnrich als derjenige, der dem Obristen verantwortlich ist. Sie führen seine Befehle nicht schneller aus, als unbedingt notwendig. So, daß man ihnen nichts nachweisen kann. Ihr sportliches Interesse daran, wie der Zweikampf wohl ausgehen wird, wächst in dem Maße, wie der Fähnrich zusehends kopfloser wird.

4 Es war sehr schwer, die Schauspieler zurückzuhalten, daß sie in der Erregung der Scene nicht einfach über alles wegspielten. Einer steckte den anderen an. In der Meinung, daß man Aufregung am besten darstellt, indem man sich aufregt, gaben sich die Schauspieler alle Mühe, so dramatisch wie irgend möglich zu sein. Sie waren enttäuscht, wenn sie nachher, sich den Schweiß abwischend, erfahren mußten, daß das nicht der Gedanke war. Der Darsteller des Fähnrichs zum Beispiel war kaum dazu zu bringen, zwischen dem Beginn des Holzhackens und seinem Satz ›Hack mehr, du hackst um dein Leben‹ eine Pause zu lassen. Dadurch, daß er nicht zu bewegen war, den Erfolg des Hackens abzuwarten, machte er die ganze Aktion sinnlos. Aber einmal im Brüllen, konnte er nicht mehr damit aufhören.

5 Kattrin trommelte in einem festgelegten Rhythmus, der die ganze Scene über beibehalten wurde. Jeweils sechs Schläge hintereinander, der zweite, vierte, sechste betont. Genau ausgerechnet war der Zeitpunkt des Erschießens mit dem Übergang zu den Kanonenschüssen aus der Stadt. Der Schuß fiel nach zwei Schlägen, wenn Kattrin die Arme grade wieder erhoben hatte, sodaß sie, zusammensinkend, noch zwei weitere Schläge ausführen konnte, dann eine kleine Pause und danach, im gleichen Rhythmus, die zwei noch fehlenden Schläge als Kanonenschüsse.

12. Scene

Die Courage der Giehse flüsterte zu Beginn der Scene, als fürchte sie, durch lautes Sprechen Kattrin aufzuwecken. Nach dem Satz ›Hoffentlich zieh ich den Wagen allein. Es wird gehen, es ist nicht viel drinnen.‹, setzte sie noch hinzu ›Ich muß wieder in ein Handel kommen‹, als ob sie sich für das Aussehen des Wagens entschuldigen müßte. Die Giehse zog den Wagen gegen die drehende Scheibe einmal ganz um die Bühne. Wenn sie hinten am Horizont angekommen war, kam sie für kurze Zeit ins Laufen. Das heißt, sie machte eine Reihe kleiner, schneller Schritte hintereinanderweg, sodaß es aussah, als hetzte sie mit letzter Kraft dem wegziehenden Regiment nach.«

Ruth-Berlau-Archiv. N 136. – Mit Genehmigung von Egon Monk, Hamburg, und der Stiftung Archiv der Akademie der Künste, Berlin.

Ruth Berlau schildert, wie unterschiedlich die Weigel und die Giehse das Zudecken von Kattrins Leiche in der 12. Szene spielten. Der Text, der im Typoskript die Überschrift »Zwei Auffassungen« trägt (Ruth-Berlau-Archiv, Sign. 1970/3), ging, leicht bearbeitet von Brecht und Peter Palitzsch (ebd., Sign. 205/36; 1969,24), in den Band *Theaterarbeit* ein.

»Die Courage der Weigel hat eine einzige schnelle Bewegung in dieser Szene: Das Kopfdrehen von den Bauersleuten weg zum Gesicht der Kattrin, wenn der Bauer ihr, um sie loszuwerden, ungeduldig klarmacht: ›Sie schläft nicht, Sie müssen's einsehen, sie ist hinüber.‹ Sonst sind ihre Gänge und Bewegungen die langsamer, alter, zerstörter Leute.

Wenn die Weigel Kattrins Kopf vom Schoß auf den Boden zurücklegt, um die Decke zu holen, womit sie die Leiche zudeckt, ist Kattrin für sie nicht mehr vorhanden. Und

doch legt sie Kattrins Kopf mit größter Vorsicht auf den Boden und zieht die Decke grausam genau über die Leiche. Hiermit zeigt die Weigel die Abgestumpftheit der Courage.
Die Courage der Giehse schaut sich noch einmal das Gesicht der Tochter an, bevor sie es zudeckt. Ihre Courage ist während der ganzen Szene ein wenig lebhafter als die der Weigel. Daß sie noch unter die Decke schaut, stimmt überein mit ihrem Nase-Schneuzen am Ende der Szene, wenn sie sich in der Gegend umschaut, bevor sie sich an den Wagen spannt: Welchen Weg weht der ›Handels-Wind‹?«

Mutter Courage deckt die Leiche ihrer Tochter zu (12. Szene). In: Theaterarbeit. S. 324. – Mit Genehmigung von Johannes Hoffmann, Berlin, und der Stiftung Archiv der Akademie der Künste, Berlin.

c) Berlin (Berliner Ensemble) 1951

Im Juni 1951 begannen Brecht und Engel am Deutschen Theater die Neueinstudierung des Stücks mit dem zwei Jahre zuvor gegründeten Berliner Ensemble.[6] Die Rollen, die Schauspieler des Deutschen Theaters gespielt hatten, wurden zum großen Teil neu besetzt. Erforderlich wurde diese Maßnahme u. a., weil zwei Akteure – Paul Bildt und Werner Hinz – in den Westen gegangen waren. Den Eilif spielte nun Ekkehard Schall (zunächst noch Ernst Kahler), den Schweizerkas Joseph Noerden (später Heinz Schubert), den Koch Ernst Busch, den Feldprediger Erwin Geschonneck (später Wolf Kaiser), die Yvette Regine Lutz (später Carola Braunbock). Die Premiere war am 11. September 1951. Sie wurde als die 100. Aufführung ausgegeben (obwohl diese Zahl noch nicht erreicht war).
Textgrundlage war der überarbeitete Erstdruck in Heft 9

6 Das Berliner Ensemble hatte bis 1954 Gastrecht im Deutschen Theater. Danach bezog es ein eigenes Haus im Theater am Schiffbauerdamm.

der *Versuche* (1950; vgl. Kap. IV,4 des vorliegenden Bandes). Bei den Proben nahm Brecht erneut kleinere Änderungen am Text vor. Das Soufflierbuch der Wiederaufnahme ist bei Olsson abgedruckt (1981; BBA Z 1/465–563). Die Bühnenfassung des Berliner Ensembles wurde 1968 im Henschelverlag publiziert.

Auf Anregung von Ernst Busch wurde in der 2. Szene das »Lied des Feldkochs« ergänzt (nach 21,16 [20,6]), »ein altes holländisches Liedlein« mit dem Titel »Nit Betteres als de Piep« (*Couragemodell 1949*; GBA 25,191; das Lied ist abgedruckt in GBA 25,527 und – mit abweichendem Wortlaut – in GBA 15,253). Paul Dessau vertonte es nach einer alten Volksweise. Das »Horenlied«, das Brecht in der Aufführung am Deutschen Theater gestrichen hatte, wurde wieder aufgenommen. Am Schluss wurde der Satz eingefügt »Ich muß wieder ins Geschäft kommen« (vgl. Anm. zu 107,25 f.).

Manfred Wekwerth, der 1951 als Regieassistent an das Berliner Ensemble verpflichtet wurde, wo es zu seinen Aufgaben gehörte, Brechts »Äußerungen zu den Schauspielern aufzuschreiben«,[7] hat in einem Aufsatz die Gründe unterschieden, die zu den Änderungen in der Neueinstudierung führten.

– »Änderungen aus vorwiegend politischen Gründen«: Der Feldhauptmann wurde in der 2. Szene nicht mehr als »bärbeißiger Rüpel« dargestellt, sondern in einen »vornehmen Aristokraten« umgeändert. Die »heutigen Kriegsmacher« seien »viel gefährlicher« und nicht immer gleich zu erkennen; oft trügen sie eine »sehr soziale Maske«.

– »Änderungen aus vorwiegend solchen Gründen, die sich aus der Individualität des Schauspielers ergeben«: Ernst Busch zeigte ein »ungeheuer charmantes Spiel«; er stellte den von der Courage »Betörten« dar.

7 *Manfred Wekwerth im Gespräch mit Hans-Dieter Schütt*, Frankfurt (Oder) 1995, S. 75.

– »Änderungen aus vorwiegend ästhetischen Gründen«: Der Gesang des Liedes »Ein feste Burg …« als Trinklied wurde bisher »mit viel Komik dargeboten«. Da das Lied dadurch seine »Schönheit« verlor, wurde es »einfach« gesungen.

– »Änderungen vorwiegend aus Gründen der Deutlichkeit«: Auf das gefärbte Licht, das zur Darstellung der Tageszeit in der 9. Szene verwendet wurde, konnte verzichtet werden, da die Dämmerung – wie vorher in München – auf das Haus aufgemalt war (1975, S. 84 f.).

Anschließend beschreibt Wekwerth weitere Eingriffe in der 2., 3., 6., 8. und 11. Szene.

In der 2. Szene zeigt der Feldhauptmann »eine echte Verachtung des Feldpredigers«: »Ideologen sind am Anfang ganz nützlich, um die Leute in Gang zu setzen, und am Ende, um sie die Niederlage zahlen zu lassen, zwischendurch muß man sie leider dulden.« – Eilifs Tanz vor der Obrigkeit wird als Nachahmung gezeigt. Die »Kriegsbegeisterung« ist »angelernt«.

Den Befehl, die Kanone zu retten, führen die Soldaten in der 3. Szene so aus, daß diese »nicht einen Schritt voran kommt. [...] Sie entledigen sich eines unangenehmen Auftrages«, ohne dass man ihnen nachweisen kann, »daß sie es schlecht tun.«

In die 6. Szene wurden zwei Pantomimen eingefügt. Dem Soldaten wird der Eintritt in das Marketenderzelt verwehrt. Beim Gesang greift er Halt suchend in die Zeltseile. Das Zelt wankt. Alle sind neugierig, was passieren wird. Schließlich zahlt er und geht. Ergänzt wurde auch das stumme Spiel des Feldpredigers. Verärgert über den Geldverlust beim Brettspiel löscht er heimlich einen Saufstrich von der Tafel ab. Dann aber überkommt ihn Reue, und er verrichtet ein Stoßgebet. Um seine »Meinung über den Mißbrauch seiner Talente zu körperlicher Arbeit« zu ›demonstrieren‹, schleift er die Axt, die er zum Holzhacken holt, am Boden.

Die »Hauptsache« an der 8. Szene ist, »daß es einem Menschen bei dem Wort ›Frieden‹ schlecht wird.« Auch im Feldprediger geht eine »Verwandlung« vor sich. »Mit dem Gestus: Vom Schankknecht wieder zur Kanzel!« Eilif müsse so gezeigt werden, »als ob er eine panische Angst vor der Hinrichtung bekommt«. Sein »Verfall« beginnt, als er erkennt, dass die Mutter, seine »letzte Hoffnung«, nicht da ist.
Kattrin »verwandelt« in der 11. Szene den Fähnrich »aus einem aufrechten Offizier in ein völlig verzweifelndes Kind«: Der setzt sich am Ende »auf den Arsch« und beginnt, »mit den Fäusten zu trommeln.« Innerhalb des Heeres herrscht »Kampf«: »Die Soldaten nehmen am Unglück des Fähnrichs wenig Anteil. Im Gegenteil. Nachdem sie einander erforscht haben, lächeln sie schadenfroh: Der kommt vors Kriegsgericht.« (Ebd., S. 85–87)

3. Rotterdam (Toneel) 1950

1950 inszenierte Ruth Berlau das Stück nach dem Berliner Modell in Rotterdam (Premiere: 23. Dezember). Die Inszenierung ist nicht zuletzt deshalb bemerkenswert, weil einige Regieeinfälle in das *Couragemodell 1949* (1958) aufgenommen wurden. Brechts Mitarbeiterin schrieb über die Inszenierung einen Erfahrungsbericht, der 1952 unter dem Titel »Die holländische Courage« in dem Band *Theaterarbeit* veröffentlicht wurde.

»Wer sich ins Ausland begibt, Mutter Courage nach dem Berliner Modell zu inszenieren, muß sich gefaßt machen auf die unheimliche Aktualität dieses Stückes in Ländern, die vom Hitlerkrieg überzogen wurden. Die holländische Geschichte kennt einen achtzigjährigen Krieg, der Holland völlig verwüstete, aber die Schrecken des Nazikriegs überschatten ihn.
Wenn die Courage in der dritten Szene vor der Leiche des

Schweizerkas steht und gezwungen ist, ihn zu verleugnen, und die holländische Schauspielerin Aaf Bouber weinend dastand, konnte ich es kaum über mich bringen, ihr zu sagen, daß die Courage sich nicht verraten darf und daß sie, selber mitschuldig am Tod des Sohnes, auch nicht allzuviel Sympathie für die Händlerin erzeugen darf. Aaf Boubers eigener Sohn war von den Nazis abgeholt worden und sie hatte ihn nie wieder gesehen. Jedesmal, wenn sie auf der Probe vor der Leiche stand, wurde ihr schlecht und sie konnte sich kaum beherrschen. [...]

Als wir über die Bedeutung der Szene übereingekommen waren, wählte sie von den Möglichkeiten des Modells die Lösung der Giehse, eine freche Haltung, deren Künstlichkeit erschütterte.

Für viele Darstellerinnen der Courage ist es das Schwierigste, das eigene Mitleid mit der so vieles erduldenden Händlerin so weit zurückzudämmen, daß sie ihre asoziale Haltung, das Mitmachen am Kriege und ihre Unbelehrbarkeit darstellen können.

In der Schlachtfeldszene (5) halfen wir uns damit, daß die Bouber einen Helm trug. Wenn die Courage das Leinen für die Verwundeten nicht hergeben wollte, weil die nicht zahlen könnten, gab schon der Helm der Händlerin ein hartes Aussehen und zeigte, daß diese Härte vom Krieg stammte. Den Helm trug sie auch im 7. Bild, wo sie der Meinung ist, daß der Krieg seinen Mann nährt.

Auch am Schluß der 8. Szene hatte ich den Helm hinten in den Wagen gelegt und der Bouber freigestellt, ihn noch beim Weiterfahren schnell aufzusetzen, um ihre Freude über den Fortgang des Krieges zu unterstreichen. Solche Stellen fielen ihr schwer, solange sie noch ganz mit Einfühlung spielte: Sie haßt den Krieg.

In Holland entstand der neue Schlußsatz der Courage. Weil auch die Bouber mehr erwartete von dem Mitleid der Zuschauer als von ihrer harten Kritik dieser Mutter, fügten wir, wenn sie, die drei Kinder im Krieg verloren hat,

sich allein vor den Wagen spannt, hinzu: ›Ich muß wieder in 'n Handel kommen!‹ Doch war selbst ihr letztes Dem-Krieg-Nacheilen, selbst ihr den abziehenden Heerhaufen geltender Ruf ›Nehmt's mich mit!‹ immer noch überschattet von Trauer und Sentimentalität. So habe ich die Trommel Kattrins an dem sonst völlig leeren Marketenderwagen hängen lassen, damit sie hin und her baumelte und den Blick des Zuschauers fing: Eine Trophäe des Krieges, der über die Courage gesiegt hatte [...].
Wie viele heutige Schauspieler haßte die Bouber die Requisiten und meinte, es genügte, wenn sie sich auf der Premiere damit beschwerte. [...]
Je realistischer das Spiel der Bouber wurde, desto mehr verlangte sie nach den verhaßten Requisiten. Sie verlangte neue und bereicherte unser Modell mit ihren Einfällen. Zu den neu eingekauften Waren, die Kattrin ihre Entstellungen einbringen, verlangte die Bouber etwa einen Panzer dazu. Diesem wollte sie einen Fußtritt geben, wenn sie über den Krieg schimpft und zwar auf den Satz: ›Eine schöne Einnahmequelle!‹
Es fällt erstaunlich vielen Schauspielern schwer, beschäftigt zu sein *und* weiterzusprechen. In Bild 8 packt die Courage ihre sieben Sachen zusammen, alles kommt in den Wagen, der Krieg geht weiter. Die Repliken werden gesprochen beim Packen.
Bei der Courage sind die Beschäftigungen besonders wichtig, weil gezeigt werden muß, daß ihr Fleiß und ihre Tüchtigkeit ihr nichts helfen. Was sie fühlt, zeigt sie durch die Art, wie sie arbeitet. So zeigt ihr fröhliches Packen – wie sie sich freut, daß wieder Krieg ist: ›Ein kurzer Friede wars, und schon gehts weiter.‹ Das Packen gibt der Szene die Eile: Es warten Geschäfte. [...]
Da ich nicht auf den Modell-Lösungen beharre – obwohl wir versuchen, sie verführerisch zu machen –, nahm der Requisiteur schweren Herzens die schönen Sachen wieder weg. [...]

Auf der Bühne steht aber eine kleine Bank, die in dieser Szene benötigt wird. Sie *muß* in den Wagen, weil die Bühne leer sein muß, wenn der Marketenderwagen in den Krieg rollt. Als nun die Bouber die Bank in den Wagen packte, bekam sie plötzlich Lust am Packen – die Fahrt, das Tempo, das Dringliche, – und sie verlangte doch noch nach dem Sack, der gerade beim Wagenrad dagestanden hatte. Bald vermißte sie auch den anderen Sack, und den Eimer wollte sie auch in den Wagen werfen.
Wie in Bild 6, wo sie dem Panzer einen Fußtritt gab, bereicherte sie auch hier unser Modell, indem sie nach dem Beil verlangte. Wenn sie nach dem Feldprediger fragt, erinnert das Beil die Courage an seinen Antrag beim Holzhacken (Bild 6). Bei ihrem Satz: ›Wo ist der Feldprediger?‹ schwang sie spaßhaft das Beil hin und her, bevor sie es in den Wagen warf. Damit erledigte sie den Feldprediger und beschloß, den Koch mitzunehmen. Requisiten bedeuten Hilfe. Wie lustige Instrumente spielen sie mit, die Fabel erzählend. «

Ruth Berlau: Die holländische Courage. In: Theaterarbeit. S. 328–332, hier 328–331. – Mit Genehmigung von Johannes Hoffmann, Berlin, und der Stiftung Archiv der Akademie der Künste, Berlin.

Alle Theater, die *Mutter Courage* aufführen wollten, wurden von Brecht verpflichtet, das Berliner Modell zu übernehmen. Zu diesem Zweck ließ Helene Weigel den entsprechenden Abschnitt aus dem Band *Theaterarbeit* gesondert binden und den interessierten Theatern zusammen mit den Fotografien, die später in der Mappe *Couragemodell 1949* veröffentlicht wurden, zusenden.
Brecht rechtfertigte seine Bedingung verschiedentlich. Teils argumentierte er damit, dass ein »allzu freies Herumschöpfen mit seinen Stücken« verhindert werden solle (»Einwände gegen die Benutzung von Modellen«, entst. um 1950; GBA 25,393), teils mit praktischen Erfordernis-

sen – kleineren Bühnen, die nicht viel Zeit auf die Proben verwenden könnten, werde es erleichtert, das Stück selbst einzustudieren (Aufzeichnung eines Mitarbeiters, abgedr. in GBA 25,541). Zusätzlich verwies er auf die Zerstörung der »Kunstmittel des Theaters« durch »den Geist des Rückschritts und der Abenteuer« im Nationalsozialismus (»Einige Bemerkungen über mein Fach« [1952]; GBA 23,150–152, hier S. 151) und den »Verfall« der Künste »auf Grund des kulturellen Ausverkaufs des Spätkapitalismus« (*Journal*, 30. Juni 1951; GBA 27,321), was eine neue ästhetische Orientierung erforderlich mache. Brecht ließ Veränderungen des Modells durchaus zu, allerdings mit der Einschränkung, dass sie »nur erfolgen sollten, um die Abbildung der Wirklichkeit zum Zweck der Einflußnahme auf die Wirklichkeit genauer, differenzierter, artistisch phantasievoller und reizvoller zu machen« (»Hemmt die Benutzung des Modells die künstlerische Bewegungsfreiheit?«; GBA 25,389).

Nach starken Protesten gegen den ›Modellzwang‹ gab Brecht seine Anforderungen an die Theater jedoch schließlich auf. Aus dem »Entwurf eines Vertrages über die Herausgabe von Modellbüchern im Henschelverlag« vom März 1954 geht hervor, dass zwar alle Theater, die *Mutter Courage* aufführen wollten, die gedruckten Modellbücher erwerben mussten. Doch sollten diese »nur als Anregung für die Inszenierung dienen« (auszugsweise abgedr. in: GBA 25,520). Die Verwendung des Modells war den Regisseuren damit freigestellt.

VI. *Mutter Courage* im Film

1. Brechts Filmprojekt (1949–1955)

a) Zur Entstehungsgeschichte

1947 machte der Regisseur und Dramaturg Emil Burri, mit dem Brecht schon in der Weimarer Republik zusammengearbeitet hatte, dem Autor den Vorschlag, das Stück *Der gute Mensch von Sezuan* zu verfilmen. Brecht zeigte sich interessiert; zugleich regte er an, zu prüfen, ob sich nicht auch aus *Mutter Courage und ihre Kinder* ein Film machen lasse (Brief an Burri, Ende September 1947; GBA 29,422 f.). Wolfgang Gersch vermutet, dass für diesen Vorschlag neben der politischen Aktualität auch der Wunsch bestimmend gewesen sei, Helene Weigel eine große Rolle im Film zu verschaffen (1975, S. 268).
Ende September 1949 kam es zwischen Brecht und der DEFA (Deutsche Film-Aktiengesellschaft) in Berlin zu einer Vereinbarung über die Verfilmung der »Mutter Courage« (BBA 571/16; /18–21). Für die Regie war Erich Engel vorgesehen.
Schon früh stellte Brecht Überlegungen zu den technischen und ästhetischen Seiten des Films an. Um das »Naturalistische« auszuschalten, erwog er verschiedene technische Versuche, »eine daguerreotypenhafte Fotografie«[1] zu erreichen. Beim »Arrangement« müsse »das Prinzip der zufälligen Gruppierung« aufgegeben werden. »Dekorationen« dürften nur dann zu sehen sein, wenn sie auch mitspielten (*Journal*, 14. Oktober 1949; GBA 27,307).
Brecht wollte, dass der Film in Schwarzweiß gedreht werde. Um die für die Daguerreotypie charakteristische Brauntönung zu erzeugen, bat er den Chemiker Robert Havemann, »eine Emulsion zu mischen« (*Journal*, 23.

1 Daguerreotypie, frühe Form der Fotografie, benannt nach ihrem Erfinder, dem französischen Maler Louis Jacques Mandé Daguerre (1787–1851).

April 1950; GBA 27,311). Durch diesen optischen Effekt werde es möglich, äußerte Brecht später gegenüber Burri, »poetischer« zu »schreiben« (*Journal*, 15. Januar 1951; GBA 27,318).

Zwischen Herbst 1949 und Sommer 1950 entstanden mehrere Pläne und Entwürfe für ein Drehbuch, an denen verschiedene Autoren beteiligt waren.[2] Als Ausgangsbasis diente ein Typoskript des Bühnenmanuskripts der Berliner Erstaufführung (BBA 374). Eine Fabelskizze aus dem Nachlass (entst. vermutlich 1950), die die Grundzüge der Handlungsführung festlegt, lässt erkennen, dass für das Drehbuch starke Eingriffe in den Stücktext vorgesehen waren, die nicht nur die Fabelkonstruktion und Figurengestaltung, sondern auch die Dramaturgie und Wirkungsstruktur betreffen. Brecht reagierte damit auf Einwände und Vorbehalte, auf die die Aufführung in der DDR gestoßen war (vgl. Kap. VII,1b). In dem Film sah er vermutlich die willkommene Gelegenheit, eine neue Interpretation des Stoffes unter den Bedingungen des sozialistischen Aufbaus zu erproben.

Die Handlung beginnt mit der Landung der Schweden in Pommern im Sommer 1630. Der Schauplatz ist ganz auf das Reich verlegt. Mutter Courage befindet sich zunächst auf der Seite der Kaiserlichen. Als diese geschlagen werden, wechselt sie die Seite, weil sie sich davon bessere Geschäfte verspricht. Das Personal wird erweitert: Kattrin wird ein Liebhaber zugesellt, ein junger Müller. Größere Veränderungen weist auch der Schluss auf: Die von Kattrins Trommelsignalen mobilisierten Bauern der Ortschaft überwältigen die Belagerer. Anschließend wird Kattrin von trauernden Bäuerinnen aufgebahrt. Die Courage aber

2 Zwischen dem 25. Mai und dem 26. Juni 1950 fanden mehrere Diskussionen über die Verfilmung statt. Die Protokolle, die Einblicke in Brechts dramaturgische Leitvorstellungen geben, werden im Nachlass aufbewahrt (BBA 382/1–73). Zwei Protokolle (vom 7. und 12. Juni) sind abgedruckt in: Werner Hecht (Hrsg.), *Brecht im Gespräch. Diskussionen und Dialoge*, Berlin [DDR] 1977, S. 107–125.

spannt sich vor ihren Planwagen und zieht weiter, ein »warnendes Beispiel denjenigen, die nichts lernen« (»Der Courage-Film [Kurze Zusammenfassung]«; GBA 20,582–587, hier S. 587).

Unzufrieden mit den Vorarbeiten zum Drehbuch, schlug Brecht der DEFA im September 1950 Emil Burri als neuen Autor vor. Der Film müsse, fügte er seinem Brief hinzu, ein »großer, politischer Friedensfilm« werden. Die DEFA brauche sich nicht zu sorgen, dass dieser »zu passiv« werden könne. Der Film »muß eine aufwühlende Warnung werden und die Figur der stummen Kattrin kann in dichterischer Weise zum Kampf gegen den Krieg begeistern, wenn wir das Drehbuch auch nur halbwegs gut machen.« Filme mit »halber Reportage« seien zwar nötig, doch bedürfe es »auch dichterische[r] Filme, welche die breiten Massen von einer andern Seite her packen.« (Brief an die DEFA, 6. September 1950; GBA 30,35)

Doch die DEFA war skeptisch. Der Stoff war politisch brisant. Man müsse »in der augenblicklichen Situation sehr sorgfältig untersuchen«, hieß es in ihrer Antwort, »ob ein Film für den Frieden nur rein pazifistisch wirkt oder ob es möglich ist, mit ihm zum aktiven Kampf gegen den Krieg einen Beitrag zu leisten« (Brief von Dr. Wilkening [DEFA] an Brecht, 13. Oktober 1950; BBA 723/64). Um die Wirkungsdimension beurteilen zu können, sei es vor allem nötig, die Schlussszene zu kennen.

Auf die Bedenken der Filmgesellschaft hin verfasste Brecht das Memorandum »Wie muß die ›Mutter Courage‹ verfilmt werden?«. Deutlicher als das Stück müsse der Film herausstellen, »daß die großen Geschäfte in den Kriegen nicht von den kleinen Leuten gemacht werden« und »daß die Wirklichkeit die Unbelehrbaren bestraft.« Der Schluss aber solle zeigen, wie Kattrins »Beispiel die verelendeten Bauern dazu bringt, die plündernde Soldateska niederzukämpfen« (GBA 20,587f.). Über die Dramaturgie hielt Brecht fest, es werde eine »Hauptsache« des

Films sein, den Zuschauer auf »Distanz« von der Courage zu halten, sodass er sich »laufend über sie wundern« könne: »denn mit ihr sind keine Erfahrungen zu machen, nur über sie« (»Journal«, 15. Januar 1951; GBA 27,318).
Die Zusammenarbeit zwischen Brecht und Burri begann Mitte Januar 1951. Am 29. Juni konnte Brecht in sein *Journal* eintragen: »Burri hat das Drehbuch eines ›Couragefilms‹ abgeschlossen« (GBA 27,321).
Der DEFA gingen jedoch die Änderungen nicht weit genug. Eine Stellungnahme vom Mai 1951 fasste die Einwände zusammen:

»Der Autor wendet sich gegen Kriege schlechthin und setzt dem Krieg den Pazifismus entgegen. [...] Der Autor differenziert nicht zwischen gerechten und ungerechten Kriegen. [...] Die Bedeutung der nationalen Befreiungskämpfe für den Fortschritt der Menschheit wird jedoch an dem heldenhaften Kampf des koreanischen Volkes am deutlichsten offenbar. [...] Die Bedeutung des 30jährigen Krieges für die deutsche Entwicklung wird den Menschen nicht nahegebracht. Die Rolle des deutschen Volkes, die vom Autor völlig ignoriert wird, gibt dem Zuschauer keine Veranlassung, lehrreiche Schlüsse zu ziehen. Der Autor ergreift nicht Partei. Es existiert in dem Buch nirgends eine gesunde aktive Kraft. Sofern das einfache Volk aktiv auftritt, ist es ebenso hartherzig wie die Söldner aller kriegführenden Parteien. [...] Teils zynische, teils lebensverneinende Äußerungen geben dem Buch ein negatives, defaitistisches Gepräge.«

Entwurf einer Stellungnahme der DEFA-Kommission anhand des Protokolls der DEFA-Kommissionssitzung vom 12. 5. 1951. DEFA-Betriebsarchiv, A 025. Zit. nach: Ralf Schenck: Mitten im Kalten Krieg. 1950 bis 1960. In: Ralf Schenck (Red.): Das zweite Leben der Filmstadt Babelsberg. DEFA-Spielfilme 1946–1992. Hrsg. vom Filmmuseum Potsdam. Berlin: Henschelverlag, 1994. S. 51–157, hier S. 101. –

In den folgenden Monaten wurde der Text von Burri überarbeitet. Brecht und später auch der Regisseur Wolfgang Staudte halfen dabei. Brecht war offenbar gewillt, die Einwände der DEFA zu beherzigen. Nach Gesprächen mit Vertretern der Filmgesellschaft skizzierte Brecht im Oktober einige Änderungsvorschläge, wobei er die Nähe zur nationalen Frage betonte. Aus Eilif wird ein Deutscher und seine Hinrichtung aus seiner Nationalität motiviert: Sie »erfolgt dann, weil er als Deutscher Deutsche überfallen, beraubt und getötet hat. Sie wird vollzogen von Bauern, die in dem kurzen Frieden wieder begonnen haben, die Gerichtsbarkeit auszuüben« (»Einstweilige Vorschläge für Änderungen des Drehbuchs ›Mutter Courage und ihre Kinder‹ nach der Diskussion vom 3. 10. 1951«; GBA 20,589). Weiterhin werden die »Zerrissenheit Deutschlands« und die »Hauptmacher« des Krieges, d. h. die Fürsten, die ihre Macht ausbauen wollen, akzentuiert (Letzteres wurde in die Endfassung nicht aufgenommen). Der junge Müller wird zum Aufrührer und positiven Helden ausgebaut, der weiß, »warum Deutschland jetzt ohnmächtig ist. Die nationale Chance ist in den Bauernkriegen verloren gegangen« (ebd., S. 589f.). Er legt den Keim zu Kattrins Rettungstat: »Bevor wir nicht aufs Mühldach steigen und alle zusammenrufen« – belehrt er seine Geliebte –, »gibt's keinen Frieden in Deutschland« (ebd., S. 590). Brecht versprach sich von dieser Änderung, dass Kattrins Trommeln »das allzu Dumpfe, Individualistische« verliere, das ihm im Stück anhafte (ebd.). Das Filmende hebt die »Parallele zur Jetztzeit« hervor: Kattrins Aktion »widerlegt« den »Fatalismus« der Courage, die sich nicht vorstellen kann, was »wir aber sehen«: »wie die ›Hilflose‹ hilft!« (ebd.)

Am 18. Februar 1952 war die Überarbeitung des Drehbuchs abgeschlossen. Gegenüber der DEFA strich Brecht die »beträchtliche Verbesserung in politischer Hinsicht« heraus, meldete aber einige Überarbeitungswünsche an (Brief an Sepp Schwab [DEFA], 24. Februar 1952; GBA

30,115). Auch die DEFA war noch nicht völlig zufrieden gestellt. So wurde moniert, dass das Drehbuch immer noch Passagen enthalte, die »rein pazifistisch« seien, wobei auf die Worte des Feldpredigers »Und bevor nicht jede Frau ihrem Sohn ins Maul haut, wenn er auf eine Uniform schaut, gibt's Krieg!« verwiesen wurde (vgl. BBA 967/34). Außerdem müsse »noch schärfer herausgearbeitet werden«, dass der Dreißigjährige Krieg *kein* Glaubenskrieg gewesen sei. Darüber hinaus solle die dem Publikum »liebgewordene Figur des Müllers« stärker zur Geltung kommen (Aktennotiz von Dr. Steinhauer / Sepp Schwab zur Diskussion vom 19. März 1952, 20. März 1952; BBA 382/77–79).

Erneut nahmen Staudte, Burri und Brecht sich das Drehbuch vor. Am 19. Juni 1952 war die Überarbeitung fertig.

Im Nachlass findet sich ein Text aus dem Jahre 1952 – das Entstehungsdatum lässt sich nicht genau fixieren –, in dem Brecht die »Neuerungen im Couragefilm« zusammenfasst und dabei vor allem die Aktualität des Projekts hervorhebt. »Deutschland wird dargestellt als Kriegsschauplatz fremder Mächte.« Als eine »der wichtigsten Neuerungen« hob er »das immer erneute Auftauchen von Kriegswerbern in dem ausgemergelten Land« hervor. »Wo immer möglich, wird angedeutet, welch ungeheure Gefahr ein neuer Krieg für uns bedeutet« (»Neuerungen im Couragefilm«; GBA 20,590f.). Zeitgeschichtlicher Kontext sind die Remilitarisierung und die Integration der BRD in das westeuropäische Bündnis, die auf scharfe Kritik in der DDR stießen.

Obwohl die Einwände der DEFA gegen das Drehbuch ausgeräumt waren, kam es weder 1952 noch 1953 zu einer Verfilmung. Streitigkeiten um die Besetzung – Staudte wollte international bekannte Schauspieler verpflichten, Brecht dagegen die Rollen mit Schauspielern des Berliner Ensembles besetzen –, Brechts finanzielle Forderungen (vgl. den Brief an Sepp Schwab [DEFA], 28. Juni 1952; GBA 30,130), die als überhöht empfunden wurden, aber auch Vorbehalte der DEFA gegen die epische Dramaturgie dürften Gründe dafür gewesen sein, dass die Verfilmung zeitweilig ausgesetzt wurde. Vermutlich trugen auch Veränderungen in der Deutschlandpolitik der DDR dazu bei, die sich nach dem Scheitern der sowjetischen Pläne zur nationalen Wiedervereinigung in zunehmendem Maße als eigenständiger Staat zu profilieren begann, was auch den Aufbau einer Armee einschloss.

Nachdem Engel sich wegen der Verzögerung des Drehbeginns bereits 1952 von dem Projekt zurückgezogen hatte und Brechts Vorschlag, mit dänischen bzw. italienischen Regisseuren zusammenzuarbeiten, bei der DEFA auf wenig Interesse gestoßen war (vgl. die Briefe an Ruth Berlau, August 1953, und Aldo Vergano, 23. März 1954; GBA 30,199 bzw. 235), schlug Brecht im Mai 1954 dem Kulturminister der DDR, Johannes R. Becher, Staudte als Regisseur vor (Brief an Becher vom 20. Mai 1954; GBA 30,249f.). In den Fragen der Besetzung konnte ein Kompromiss erzielt werden. Im November 1954 wurde der Vertrag zwischen Brecht und der DEFA endlich unterzeichnet (BBA 591/1–3). Für die Regie war Staudte, für die Titelrolle Helene Weigel vorgesehen.

Nachdem das Drehbuch erneut überarbeitet worden war (abgeschlossen am 28. Juni 1955), begannen am 18. August 1955 in den DEFA-Studios für Spielfilme in Babelsberg bei Berlin die Dreharbeiten (mit Ekkehard Schall als Eilif, Joachim Teege als Schweizerkas, Siegrid Roth als Kattrin, Bernard Blier als Koch, Erwin Geschonneck als Feldprediger, Simone Signoret als Yvette und Hans-Peter Minetti als Müller). Schon kurze Zeit später wurden sie jedoch wieder eingestellt, da Brecht mit den Produktionsbedingungen nicht einverstanden war, außerdem künstlerische Meinungsverschiedenheiten zwischen Autor und Regisseur auftraten (u. a. über die Besetzung und die Verwendung des Farbfilms) und Helene Weigel von den Arbeiten überfordert zu werden drohte (vgl. Brechts Brief an The-

rese Giehse, 5. Oktober 1955; GBA 30,380).[3] Verschiedene Versuche, das Filmprojekt doch noch zu realisieren, die sowohl von Seiten der DEFA als auch von Seiten Brechts unternommen wurden, der sich Ende des Jahres noch einmal an Engel mit der Bitte um Übernahme der Regie wandte (Brief an Engel vom 15. Dezember 1955; GBA 30,401), blieben erfolglos. Im Nachlass haben sich mehrere Texte erhalten, in denen Brecht seine Position nochmals rechtfertigt (vgl. »Zum ›Courage‹-Film«, »Fragen«, »Aktennotiz«, »Der Film ›Mutter Courage‹« [GBA 23,351–356] und den Entwurf eines Schreibens an die Mitarbeiter der DEFA, 30. November 1955 [GBA 30,395 f.]).
Aufgrund eines Versehens bei der DEFA wurden die bereits gedrehten Filmszenen vernichtet. Lediglich einige Standfotos der Inszenierung sind erhalten.

b) Das Drehbuch von 1955

Textgrundlage für die Dreharbeiten war die Ende Juni 1955 abgeschlossene Ausarbeitung mit dem Titel *Mutter Courage von Bertolt Brecht.* Als Autoren des Drehbuchs werden auf dem Titelblatt Emil Burri, Bertolt Brecht und Wolfgang Staudte genannt (GBA 20,215–379 [Text], 380–384 [Lieder]). Die Fabel ist in 101 Bilder und 384 Kameraeinstellungen gegliedert, bei 14 Zwischentiteln. Die Handlungszeit beginnt mit dem Eintritt der Schweden in den Dreißigjährigen Krieg (1630), sie endet etwa Mitte der vierziger Jahre. Die zeitliche Verschiebung ermöglichte es, die Ausweitung der Feindseligkeiten zu einem gesamteuropäischen Staatenkrieg ins Bild zu setzen, dessen

3 Zum Scheitern des Projekts aus der Sicht Staudtes vgl. das Gespräch, das Heinz Kersten, Egon Netenjakob, Eva Orbanz und Katrin Seybold am 13. Mai 1974 mit dem Regisseur führten: »Wolfgang Staudte über die Produktionsbedingungen seiner Filme«, in: Egon Netenjakob [u. a.], *Staudte*, hrsg. von Eva Orbanz und Hans Helmut Prinzler, mit einem Nachw. von Heinz Ungureit, Berlin 1991, S. 131–149, hier S. 137–139.

machtpolitische Beweggründe immer offener zu Tage traten. Darüber hinaus konnten die Verwüstungen des Krieges deutlicher gezeigt werden.

Einige Szenen und Episoden des Stücks fanden keine Verwendung mehr, darunter die Szene vor dem Offizierszelt, in der Mutter Courage das »Lied von der großen Kapitulation« singt (4. Szene), der Verlust der Offiziershemden (5. Szene) und der Überfall auf Kattrin, der sie körperlich entstellt (6. Szene). Neben dem »Lied von der großen Kapitulation« wurden auch das »Lied vom Weib und dem Soldaten«, das »Horenlied«, das »Reiterlied« und das »Wiegenlied« gestrichen, außerdem die meisten Passagen, in denen die Courage sich über den Krieg äußert. Insgesamt werden die Figuren weniger durch ihre Reden als durch ihre Handlungen bzw. ihr Verhalten charakterisiert. Neu ist u. a. der »Gesang« »O Deutschland, wie bist du zerrissen …«, mit dem der junge Müller »wehmütig und ironisch« das Thema der deutschen Teilung anstimmt (GBA 20,353; veröffentlicht unter dem Titel »Deutschland 1952«; GBA 15,260). Mehrfach wird die Handlung durch Rekrutenwerber für die wechselnden Kriegsherren unterbrochen.

Die Figur der Courage wurde weiter eingeschwärzt. Die Autoren erreichten das zum einen dadurch, dass sie alte – in der Stückfabel angelegte – dramatische Spannungen verschärften, wie zu Kattrin, zum anderen dadurch, dass sie neue aufbauten, wie zu den unterdrückten Volksmassen.

Durch die Episode mit dem jungen Müller konnte der Figur der Kattrin stärkere Individualität gegeben werden; sie wird nun als begehrenwert und aufgeschlossen dargestellt. Zugleich konnte ein politisch bewusster Zeitgenosse aus dem einfachen Volk ins Spiel gebracht werden. Die Erzählung des Müllers, der eine von Soldaten zerstörte Mühle wieder instand setzt, klärt Kattrin über die sozialen Verhältnisse auf und motiviert ihr späteres Handeln nicht bloß aus Mitleid, sondern auch aus Einsicht. Die Mühle gehörte einst dem Großvater seines Großvaters, dem Müller von Ingolfing. Nach den Bauernkriegen wechselte sie ihren Eigentümer, der Vorfahr aber verlor seine Freiheit und wurde zinspflichtig:

»Warum? Weil sie nit zusammengegangen sind – nit Bauer mit Städter, nit Bauer mit Bauer, und weil sie ihnen nicht Herr geworden sind, damals … ist Deutschland heut zerrissen und ein einziges Schlachtfeld. Die Herrn holn die Fremden herein, gegeneinander, untereinander und gegen uns Bauern … […] … Und weil sich keiner mehr find', der aufs Mühldach klettert und alle zusammenruft, wenn die fremden Heere kommen, drum wird Krieg sein bis in alle Ewigkeit.«

GBA 20,262 f.

Das kurze Glück, das Kattrin mit dem Müller erlebt, wird durch die Courage zerstört, die sie dazu zwingt, mit ihr weiterzuziehen. Später greift sie noch einmal brutal in das Leben ihrer Tochter ein, als sie das Findelkind entführt, das Kattrin gerettet und dem sie ihre ganze Liebe zugewendet hat. Am Ende ist das Verhältnis zwischen Mutter und Tochter vergiftet.

Feindseligkeit erzeugt die Courage auch bei den Bauern. Denn wo Marketender auftauchen, da sind – wie jene aus Erfahrung wissen – »die Kroaten nit weit« (GBA 20,359). Als ein Bauer die Courage verjagen will, ein anderer ihr aber beispringt mit der Aufforderung, er solle die Frau in Ruhe lassen, weil sie doch »nur eine von die Kleinen« sei, gibt der Erste zurück: »Nix da! Die Kleinen sind die schlimmsten! Warum? Die Großen planen's und die Kleinen führen's aus!« (GBA 20,321 f.)

Die Bauern, die im Stück nur als Nebenfiguren auftreten, werden im Drehbuch zur revolutionären Masse aufgewertet. Selbstbewusst setzen sie sich gegen ihre Feinde zur

Wehr. Als Eilif die Kühe zu stehlen versucht, wird er von den Bauern gestellt und am nächsten Baum aufgeknüpft. Von Kattrins Trommelschlägen geweckt, kämpfen gegen Schluss Bauern und Städter vereint die kroatischen Söldner nieder, die die Stadt Friedberg überfallen wollen. Die Szenenanweisung schildert – mit heroischem Pathos –, wie die »siegreichen Bauern« von ihren Frauen und Kindern begrüßt werden. Und während der Zug der Kamera entgegenströmt, steigert sich die Musik »zu triumphalem Höhepunkt« (GBA 20,375).

Wie im Stück, so ist auch im Drehbuch die Courage ein negatives Beispiel. Während der Theaterzuschauer jedoch zu diesem Urteil selbst kommen muss, wird es ihm im Drehbuch von einem Bauern abgenommen, der ratlos mit ansieht, wie die Courage sich nach dem Tod ihrer Tochter wieder vor ihren Planwagen spannt und unbeirrt weiterzieht: »Die lernt nix« (GBA 20,377). Aus dramaturgischer Perspektive hinterlässt das Drehbuch einen unentschiedenen Eindruck: Einerseits bleibt es dem Standpunkt, den Brecht in der Diskussion mit Friedrich Wolf über die epische Dramaturgie eingenommen hatte, zwar treu, insofern es der Hauptfigur Einsicht und Selbstveränderung verweigert. Andererseits kommt es aber den Einwänden des Kritikers insofern entgegen, als es mit dem Müller, mit Kattrin und den Bauern Identifikationsfiguren auf die Szene bringt, die dem Zuschauer richtiges Verhalten vorführen und ihn zur Veränderung der gesellschaftlichen Verhältnisse aufrufen (vgl. Friedrich Wolf / Bertolt Brecht: »Formprobleme des Theaters aus neuem Inhalt. Ein Zwiegespräch«; GBA 23,109–113; vgl. auch Kap. VII,1b).

Umgestaltet wurde ferner die Geschichte der Yvette. Im Stück macht sie ihr – materielles – Glück, im Drehbuch geht sie zugrunde. Die Vorgeschichte mit dem Koch wurde auf wenige Andeutungen reduziert, das Motiv der betrogenen Liebenden getilgt. Yvette kokettiert mit Eilif, träumt von einem »anständigen« Leben mit eigenem Hut-

salon in Brügge, verliebt sich in einen Kornett, den sie nach der Hochzeit vergiftet, weil sie ihm ihr Gewerbe nicht einzugestehen traut, und geht schließlich, um das Geschäft mit dem Wagen machen zu können, eine Verbindung mit einem ungarischen Grafen ein. Als der sie sitzen lässt, verkommt sie in Trunksucht und Irrsinn.
Ein bemerkenswerter Zug der Dramaturgie ist die Parallelführung von Episoden: Kattrins Liebeserlebnis ist szenisch mit Yvettes Hochzeit verschränkt. Und während Eilif von den Bauern beim Raub der Kühe überrascht wird, werden der Courage von Soldaten zwei Hühner gestohlen. Den Wunsch, man solle die Diebe aufhängen, den sie den Flüchtenden wütend hinterherschleudert, werden die Bauern an ihrem Sohn erfüllen.

2. Die DEFA-Produktion (1960/61)

Der Film, der 1960/61 von der DEFA produziert wurde (schwarzweiß, 151 Min.), basiert nicht auf dem Text des Drehbuchs von 1955, den Staudte bei den Dreharbeiten benutzte, sondern auf dem des Stücks und schließt an die Aufführung des Berliner Ensembles an (dessen Textänderungen er teilweise auch übernimmt). Regie und Drehbuch stammten von Peter Palitzsch und Manfred Wekwerth. Die Bühnenaufbauten schuf Heinrich Kilger. Die Besetzung der Hauptrollen entsprach der Inszenierung von 1951: Helene Weigel spielte wieder die Courage, Ekkehard Schall den Eilif, Heinz Schubert den Schweizerkas, Angelika Hurwicz die Kattrin, Ernst Busch den Koch, Erwin Geschonneck den Feldprediger und Regine Lutz die Yvette. Die Premiere war am 10. Februar 1961.
Der Text ist stark eingestrichen. Die Handlung konzentriert sich auf die Hauptfiguren, die Nebenrollen wurden entweder getilgt oder im Umfang reduziert. Ausgespart sind der Auftritt des Schreibers, der die Beschwerde der

Courage entgegennimmt (4. Szene), des Soldaten, der von der Courage Schnaps verlangt (5. Szene) und der alten Frau und ihres Sohnes, die ihr Bettzeug zum Verkauf anbieten (8. Szene).

Weitere Kürzungen betreffen das einleitende Gespräch zwischen dem Werber und dem Feldwebel, sodass das Stück mit dem »Geschäftslied« beginnt (1. Szene), Yvettes Erzählung von ihrer Herkunft aus Flandern (3. Szene), die Überlegung des Feldpredigers, dass es keinen vollkommenen Krieg gebe (6. Szene) und die Worte des Kochs über die Gefährlichkeit der Tugenden (9. Szene). Außerdem sind das »Horenlied« (3. Szene) und das »Reiterlied« (6. Szene) gestrichen. Das »Lied von Salomon« ist um die Strophen über Cäsar und den heiligen Martin gekürzt (9. Szene), vom »Lied von der Bleibe« wird nur die 2. Strophe gesungen (10. Szene).

Der Film wurde im Atelier gedreht. Die Theaterszene mit Drehscheibe und stilisiertem Bühnenbild bleibt für den Zuschauer deutlich erkennbar. Der Film beschränkt sich indessen nicht auf die bloße Dokumentation der Aufführung des Berliner Ensembles. Die filmtechnischen Möglichkeiten kommen durchaus zum Einsatz. Die Regisseure schreiben:

»Ein einfacher Abklatsch der Bühneninszenierung zum Beispiel mit fester Kamera und einer Totalbildeinstellung von der Bühne aber würde dem Stück die Lebendigkeit genommen haben. Es wäre lediglich eine archivarische Konserve. Bei der Verfilmung der ›Courage‹ wurde der Versuch unternommen, die Wirkungen, die von der Bühne ausgehen, durch Kamera, Schnitt, Dekoration und Format zu unterstützen, eventuell zu vergrößern.«

Manfred Wekwerth / Peter Palitzsch: Über die Verfilmung von *Mutter Courage und ihre Kinder.* In: Programmheft zum Film. S. 3 [unpaginiert]. – Mit Genehmigung von Manfred Wekwerth, Berlin.

Die Kamera verändert den Standort und folgt den Figuren; teils befindet sie sich vor der Rampe im Parkett, teils auf der Bühne. Die Einstellung wechselt zwischen Totale und Ausschnitt. Mehrmals wird in Großaufnahme die Geste der Courage gezeigt, die ihre Geldtasche auf- bzw. zuklappt. In der 8. Szene kommen die Friedensglocken ausschnitthaft ins Bild. Zu Beginn der 1., 5. und 9. Szene werden die rollenden Räder des Marketenderwagens eingeblendet: »Wo im Theater der Vorhang zugeht, läßt er [der Film] unaufhörlich und unermüdlich und unbelehrbar den Wagen rollen, dessen Anhängsel die Menschen werden, die ihn ziehen« (ebd.). Die Szenentitel werden nicht projiziert, sondern von einem Ansager (Hilmar Thate) eingesprochen. Radierungen Jacques Callots (u. a. aus dem Zyklus »Les Misères et les malheurs de la guerre« [1633, »Die Schrecken und das Unglück des Krieges«],[4] die am Beginn der Szenen eingeblendet werden, stellen den Bezug zu zeitgenössischen Kriegszügen her und unterstreichen, dass das Schicksal der Courage kein Einzelfall ist. Mehrfach wurde die Technik der Ausschnittblende – der Kasch – eingesetzt: Ein Teil der Szene wird abgedeckt, um ein wesentliches Detail hervorzuheben. Der Eindruck der Totalaufnahme bleibt dabei aber erhalten. Dieses Verfahren wurde besonders bei den Songs angewendet. An einigen Stellen werden Handlungen, die an verschiedenen Orten stattfinden, simultan abgebildet (z. B. in der 2. Szene: Die Courage verkauft dem Koch einen Kapaun; Eilif berichtet dem Feldhauptmann von seiner Heldentat; in der 9. Szene: Die Courage und der Koch singen das »Bettellied«; Kattrin packt ihre Sachen). Durch das Totalvisionsformat – wie die DEFA das »Cinemascope«- oder Breitwand-Kinofilm-Verfahren nannte – wurde es möglich, Brechts ursprüngliche, auf der Bühne

4 Bereits Caspar Neher hatte sich zu seinen Arrangementskizzen für den *Courage*-Film Ende der vierziger Jahre von den Kupferstichen Callots anregen lassen.

aber nicht zu realisierende Inszenierungsidee umzusetzen: den Wagen »am Ende in eine unübersehbare Weite verschwinden« zu lassen, »so die Unbelehrbarkeit der Courage ins Unermeßliche steigernd« (ebd.). Deutliche Zäsuren setzte der Schnitt, der »wieder als Einschnitt« aufgefasst wurde, »als einschneidende dramaturgische Maßnahme« (ebd.), etwa zwischen der 6. und 7. Szene.

VII. Dokumente zur Rezeptionsgeschichte

1. Zur Rezeption auf der Bühne

Mutter Courage und ihre Kinder gehört nicht nur zu den erfolgreichsten Bühnenstücken Brechts, sondern auch des deutschsprachigen Dramas seit den vierziger Jahren des 20. Jahrhunderts überhaupt, und zwar sowohl innerhalb als auch außerhalb des deutschen Sprachraums.
Von 1956/57 bis 1965/66 war *Mutter Courage und ihre Kinder* das mit Abstand meistinszenierte und meistgespielte Stück des Autors an den Staats- und Stadttheatern der BRD (mit 57 Inszenierungen und 1033 Aufführungen; vgl. *Brecht auf deutschen Bühnen*). In der SBZ/DDR wurde es von 1949 bis 1965 24 Mal von Berufstheatern in Szene gesetzt (bei 871 Aufführungen). Doch stand es hier im Schatten der unterhaltsameren oder einer traditionellen Dramaturgie verpflichteteten Stücke wie *Die Dreigroschenoper, Herr Puntila und sein Knecht Matti* und *Die Gewehre der Frau Carrar.*[1] Die Inszenierungsliste des von Werner Hecht herausgegebenen Materialienbandes (1971) verzeichnet von der Uraufführung bis zum Jahre 1966 97 Einstudierungen auf deutschsprachigen Bühnen.
Weder die in der Öffentlichkeit geäußerten Einwände gegen die epische Dramaturgie – in der SBZ/DDR – noch die Boykottaufrufe anlässlich des Mauerbaus – in der BRD – konnten der Beliebtheit des Stücks auf Dauer Abbruch tun. Während das Stück im Westen (BRD, West-

1 Vgl. »Brecht auf den Bühnen der DDR«, in: *Brecht-Dialog 1968. Politik auf dem Theater. Dokumentation 9. bis 16. Februar 1968*, Zsstell. und Red.: Werner Hecht, Berlin [DDR] 1968, S. 324–335. Die Abweichung von den Daten in der Zusammenstellung von Rosemarie Hill und Herta Ramthun erklärt sich daraus, dass diese auch Laienbühnen erfasst (in: André Müller, *Kreuzzug gegen Brecht. Die Kampagne in der Bundesrepublik 1961/62*, Berlin [DDR] 1962, S. 113–120).

Berlin, Österreich und Schweiz) in den folgenden Jahren regelmäßig und mit großem Zuspruch gespielt wurde, ließ das Interesse in der DDR allerdings ab Mitte der sechziger Jahre spürbar nach. Über mehrere Jahre hinweg wurde es überhaupt nicht aufgeführt. Im Westen dagegen blieb *Mutter Courage* stets auf dem Spielplan. In den Spielzeiten 1967/68, 1968/69 und 1977/78 war es erneut das meistinszenierte und meistgespielte Brecht-Stück (bei 164/9, 151/9 bzw. 147/8 Aufführungen/Inszenierungen). 1976/77 kam es sogar auf den 8. Platz der meistbesuchten Schauspielwerke (100551 Besucher bei 5 Inszenierungen mit 157 Aufführungen).

Ende der siebziger, Anfang der achtziger Jahre, ausgelöst durch den Nachrüstungsbeschluss der Nato und die Proteste der Friedensbewegung gegen die Stationierung von Pershing-II- und Cruise-Missile-Raketen, fand das Antikriegsstück auch in der DDR wieder verstärkte Beachtung, wo sich die Anzahl der Aufführungen im Zeitraum von 1979 bis 1986 im Vergleich zum Zeitraum von 1971 bis 1978 nahezu verdreifachte. Mehrmals nahm es in diesen Jahren einen Spitzenplatz in der Werkstatistik in West und Ost ein – sei es als meistinszeniertes, meistaufgeführtes oder meistbesuchtes Brecht-Stück. In der Saison 1983/84 erzielte es mit 257 Aufführungen das bisher beste Resultat im Westen (13. Platz unter den Schauspielen mit der höchsten Aufführungszahl) und war damit zugleich das meistaufgeführte Brecht-Stück in dieser Spielzeit (bei 9 Inszenierungen). In der Saison 1987/88 errang es hier unter den Schauspielwerken mit der höchsten Besucherzahl den 4. Platz (96341 Besucher bei 7 Inszenierungen mit 169 Aufführungen).

In den folgenden Jahren sank das Interesse am Stück. Zwar erzielte es in den Spielzeiten 1991/92, 1995/96 und 1997/98 wieder weit über einhundert Aufführungen. An die Spitze der Werkstatistik kam es jedoch bis zum Ende des Jahrzehnts nur noch einmal: in der Spielzeit 1999/2000, wo es

mit 177 Aufführungen (bei 3 Inszenierungen) wieder das meistgespielte Brecht-Stück war – noch vor der *Dreigroschenoper*[2], die ansonsten in den neunziger Jahren regelmäßig die Aufführungsstatistik anführte.[3]
Auch international fand *Mutter Courage* großen Anklang. Bereits 1946 wurde es in Finnland erstaufgeführt. Es folgten Premieren in den Niederlanden (1950), in Frankreich (1951), Italien (1952), Dänemark (1953), Argentinien (1953), Chile (1953), Schweden (1954), Norwegen (1955), Großbritannien (1955), USA (1956), Kanada (1956), Rumänien (1956). Bis zu Brechts Tod registriert der oben erwähnte Materialienband 19 Inszenierungen außerhalb der deutschsprachigen Länder. Bis 1966 lassen sich 74 Einstudierungen nachweisen. Zur internationalen Verbreitung des Stücks trugen insbesondere die Gastspielreisen des Berliner Ensembles mit der Modellinszenierung bei (vgl. S. 155 f.).

a) Die frühen Inszenierungen

Die Uraufführung am Schauspielhaus Zürich war ein großer Erfolg, nicht nur für den Autor, sondern auch für die Schauspieler und den Regisseur. Obwohl im Programmheft die von Brecht gemeinsam mit Peter Suhrkamp verfasste Gegenüberstellung der dramatischen und epischen Form des Theaters abgedruckt war (aus: »Anmerkungen zur Oper ›Aufstieg und Fall der Stadt Mahagonny‹«; GBA 24,74–85, hier S. 85 [Neufassung 1938]), sah die Kritik in der Courage ein Identifikationsangebot an den Zuschauer.

2 Das Stück wird in den Werkstatistiken stets zu den Schauspielwerken gerechnet.

3 Quelle sind die Werkstatistiken des Deutschen Bühnenvereins (Köln) und der Akademie der Künste der DDR, Sektion Darstellende Kunst (»Dramatiker und Komponisten auf den Bühnen der DDR«), ab Spieljahr 1977 fortgesetzt von der Direktion für das Bühnenrepertoire (»Wer spielte was?«). Die oben referierten Daten erfassen nur die Berufstheater, nicht die Amateurtheater.

Bernhard Kissel schrieb:

»[...] diese Ballade des Lebens im Kriege, wie sie Brecht singt, hat etwas von der verzweifelten Frömmigkeit eines Angelus Silesius, ihre Sprache ist wie Luthers Sprache, stark, aus grobem Holz und ehrlich. Es ist die Sprache eines großen Gläubigen, der nicht an die Menschen, aber an das Leben glaubt. Und die ›Songs‹, die Brecht dichtet und zu denen jetzt Paul Burkhard die richtigen Melodien schrieb, schreien wie das inbrünstige Flehen Hiobs gen Himmel, und man spürt in ihnen alle Not und allen Kummer unserer eigenen bitteren Tage. Aber man spürt auch die große Kraft, die uns alles Leid und alle Sogen tragen hilft. [...]
Sie ist's, diese herrlich freche, großartige Mutter ihrer Kinder, die der Krieg verschlingt. Und so, wie Charles de Costers Thyl Ulenspiegel, dieser streitbare Narr, mutig kämpfend durch Flanderns blutige Gefilde wandert, aus der Narretei der Zeit in die große Ewigkeit marschiert, die alle erwartet, die für Wahrheit und Freiheit sterben, so marschiert Bert Brechts Mutter Courage von den Schlachtfeldern des Dreißigjährigen Krieges in unsere Tage, Tränen, Lachen und gewaltigen Trost in ihrem Rollwägelchen.«

[Bernhard] Kissel: *Mutter Courage und ihre Kinder.* In: Tages-Anzeiger. Zürich. 21. April 1941.

Unter den Schauspielern hob der Kritiker besonders die Hauptdarstellerin hervor:

»[...] allen voran marschierte Therese Giehse, Mutter Courage selbst, so wie Bert Brecht sie vor sich gesehen haben muß, als er dieses Denkmal der unbekannten Mutter schuf: lachend, singend, weinend, schnödend, nur eine Markentenderin und doch jeder Blutstropfen unsterbliches Leben, jeder Atemzug lebendige Liebe, jedes Lachen strotzende Kraft, als Ruine noch stärker als der Tod. Im

Sterben noch Leben gebärend – die drei unsterblichen Kinder Mut, Wahrheit und Liebe.«

Ebd.

Auf Spannungen zwischen dem Stücktext und der Aufführung machte BERNHARD DIEBOLD aufmerksam. Reaktionen wie diese dürften Brecht später veranlasst haben, den Stücktext an einigen Stellen umzuarbeiten und in der Berliner Erstaufführung die epische Spielweise zu akzentuieren. Brecht zeige Mutter Courage »keineswegs nur in Verklärung«, schrieb der Kritiker. Einerseits sei sie »in ihrer Derbheit ein warmblütiges Muttertier, das seine eigene Brut vor Greuel und Kriegsdienst bewahren möchte«; andererseits »ebenso eine Kriegslieferantin und ›Hyäne des Schlachtfelds‹, die selbst noch während des Standgerichts gegen den eigenen Sohn das Markten nicht vergißt und, um sich selbst zu retten, die Leiche des Sohnes verleugnet«. Im Spiel der Hauptdarstellerin sei jedoch das Letztere zu kurz gekommen (Bernhard Diebold, »*Mutter Courage und ihre Kinder.* Uraufführung der dramatischen Chronik von Bertolt Brecht«, in: *Die Tat*, Zürich, 22. April 1941).

HANS OTT nahm Brechts Gegenüberstellung zweier Formtypen des Theaters zum Anlass, einige Beobachtungen über die Dramaturgie des Stücks anzustellen:

»Es macht den Zuschauer nicht nur zum Betrachter, sondern verwandelt ihn zum Miteinbezogenen und verwikkelt ihn gleichzeitig in Aktionen. […] Gleichzeitig wird mit Argumenten, aber auch mit Suggestion gearbeitet. […] Gegenüber den früheren reinen ›Kopfstücken‹ zeigt die Kriegsbilderchronik vom Leben und Leiden von Mutter Courage und ihren Kindern auch die Triebe, nicht nur die Beweggründe des Menschen, der, in seiner Unvollkommenheit, sich selbst im Wege steht.«

Hans Ott: *Mutter Courage und ihre Kinder.* In: Volksrecht. Zürich. 24. April 1941.

Auf die Uraufführung folgten Inszenierungen in Basel (1943, Regie: Leopold Lindtberg) und in Bern (1944, Regie: Werner Krauss), beide Male mit Therese Giehse in der Titelrolle. In der Spielzeit 1945/46 wurde die Inszenierung erneut ins Programm des Züricher Schauspielhauses genommen. 1946 wurde sie auf einem Gastspiel im Theater in der Josefstadt in Wien gezeigt (25. April).
Die deutsche Erstaufführung fand am 2. Juni 1946 an den Bodensee-Bühnen in Konstanz statt. Die Regie hatte Wolfgang Engels, die Courage wurde von Lina Carstens gespielt. Der Regisseur hatte auf eine Inszenierung im Stil des epischen Theaters verzichtet. Brechts »Wandlung« – hieß es im Programmheft – rechtfertige diese Entscheidung. Die »lehrhafte Doktrin ist in den Hintergrund getreten. Das Leid der Jahre hat den Dichter geläutert. Das Menschlich-Mitleidvolle steht dafür im Mittelpunkt.« Diesen Brecht könne man »nicht mehr mit den Mitteln des ›desillusionierenden‹ Materialismus bewältigen.« Die »Tradition des Brecht'schen Zeittheater-Stiles« sei daher in Konstanz nicht wieder aufgenommen worden.
Der Kritiker des *Südkuriers* konstatierte »ungewöhnlichen Beifall« in der Premiere und verteidigte den Einsatz der »Illusionsbühne«:

»Das Gleichnis von Damals und Heute geht ohne Zwang im Dichterischen auf (deshalb durfte Engels sich in diesem Fall die Illusionsbühne leisten). Mutter Courage, der der verabscheuungswürdige Krieg das Liebste nahm, lebt unter uns. Wir ziehen weiter mit ihr durch unsere Trümmerwelt, aber nicht ohne Hoffnung, denn wir haben aus ihrem Leid und Leben gelernt.«

Ernst Brasch: Bert Brechts moralische Anstalt. In: Südkurier. Konstanz. 4. Juni 1946. – Mit Genehmigung des Südkuriers, Konstanz.

b) Zu Brechts Inszenierungen

Berlin (Deutsches Theater) 1949

»Glücklicherweise wurde es ein ziemlicher Erfolg«, schrieb Brecht erleichtert über die Berliner Erstaufführung am 5. März 1949 an Erwin Piscator, »pressemäßig in Ost- und Westsektor und Ost- und Westzone« (GBA 29,504). Nahezu einhellig war das Lob, das der Regie und den Darstellern von den Kritikern gezollt wurde. Es gab aber auch Einwände: Im Westen galten sie dem Marxisten, im Osten dem Verfechter der epischen Dramaturgie.
Bei der Kritik, die in den Presseorganen der SBZ an *Mutter Courage* laut wurde, handelte es sich nur vordergründig um ästhetische Differenzen. In Wahrheit war es ein Streit um unterschiedliche kulturpolitische Positionen und ideologische Programme; es ging um Machtfragen. Die Konturen der kommenden, z. T. heftig geführten Debatte zeichneten sich bereits in den ersten Besprechungen ab (vgl. dazu näher Ludwig; Mittenzwei 1977).
Der Literaturwissenschaftler und Theaterkritiker Paul Rilla hob die Aktualität des Stücks hervor und setzte sich für Brechts dramaturgische Formwahl ein; er deutete aber bereits an, dass diese strittig sein könne.

»Eine dramatische Chronik, nicht ein Drama: gewiß doch. Aber die dramaturgische Auseinandersetzung hat Zeit. Im Moment scheint es wichtiger [...], daß der dramatische Chronist Brecht nicht nur den aktuellen Instinkt des genialen Stoff-Findens besessen, sondern auch in der Form nicht geirrt hat, die die Form der epischen Wirklichkeit, also dieses Stoffes ist: die Form, welche klipp und klar die Wahrheit ausdrückt. [...]
Ein Triumph der Dichtung. Ein Triumph der Aufführung in ihren wesentlichen Absichten. [...] Brechts Arbeit in Berlin und auf der führenden Berliner Bühne darf keine Episode bleiben.«

Paul Rilla: Gegen den deutschen Kriegsmythos. Bert Brechts *Mutter Courage* im Deutschen Theater. In: Berliner Zeitung. Berlin [Ost]. 13. Januar 1949.

Ein entschiedener Gegner der epischen Dramaturgie seit den dreißiger Jahren war FRITZ ERPENBECK, Chefredakteur der Zeitschriften *Theater der Zeit* und *Theaterdienst*. Er räumte zwar ein, dass die Aufführung »das in vieler Hinsicht bedeutsamste Theaterereignis seit 1945« gewesen und Brecht ein »großer deutscher Dichter« sei. »In seinem Werk lebt der Funke dessen, was man Genie nennt.« Dabei versuchte er aber den Dramatiker Brecht gegen den Theoretiker Brecht auszuspielen, indem er die Frage stellte, »ob nicht Brechts wahrhaft große, erschütternde Wirkungen sich stets nur dort einstellen, wo sich der epische, lehrhaft erzählende Ablauf der Fabel zu Komplexen verdichtet, die – gegen Brechts Theorie – echte, herrliche Dramatik im ursprünglichen Sinne sind?« (Fritz Erpenbeck, *»Mutter Courage und ihre Kinder«*, in: *Vorwärts*, Berliner Volksblatt [Ost], 13. Januar 1949)
Einige Tage später spitzte ERPENBECK seine Kritik in der in Ost-Berlin erscheinenden Zeitschrift *Die Weltbühne* weiter zu. Die rhetorische Frage, mit der er seinen Beitrag schloss, wurde zum Auslöser einer scharfen Polemik. Entscheidend war dafür nicht zuletzt die Wortwahl:

»Bei der Diskussion um Brechts Werk – nicht nur um dieses –, die nunmehr hoffentlich einsetzt, geht es letztlich um die Grundfrage, die stets an Zeitenwenden neu gestellt werden muß: Wo verliert sich, trotz fortschrittlichen Wollens und höchsten, formalen Könnens, der Weg in eine volksfremde Dekadenz – wo führt, bei fortschrittlichem Wollen und höchstem, formalem Können, der Weg zur Volkstümlichkeit, zur dringend notwendigen Gesundung unserer Dramatik?«

Fritz Erpenbeck: Einige Bemerkungen zu Brechts *Mutter Courage*. In: Die Weltbühne N. F. 4 (1949) H. 3. 18. Januar 1949. S. 103.

Erpenbeck griff dabei auf Argumente zurück, die zuvor in der sowjetischen Formalismus-Diskussion gefallen waren und die ihn als doktrinären Anhänger des Sozialistischen Realismus auswiesen. Zu seinen Gewährsleuten gehörte weiterhin der ungarische Philosoph und Literaturkritiker Georg Lukács (1885–1971), mit dem er im Moskauer Exil in der Redaktion der Zeitschrift *Internationale Literatur* zusammengearbeitet hatte. Lukács' traditioneller Literaturbegriff, der an den Normen der Klassik und des bürgerlichen Realismus des 19. Jahrhunderts geschult war, einen optimistischen Blick auf die Zukunft forderte und mit einer Ablehnung modernistischer Techniken wie z. B. der Montage einherging, hatte Brecht schon Ende der dreißiger Jahre zur Kritik herausgefordert, auch wenn er sie damals nicht öffentlich zu äußern gewagt hatte. In seiner kurz nach dem Krieg veröffentlichten Überblicksdarstellung zur neueren deutschen Literaturgeschichte warf Lukács Brecht vor, er mache »aus der erwünschten gesellschaftlichen Erneuerung der Literatur ein – freilich interessantes und geistreiches – Formexperiment« (*Deutsche Literatur im Zeitalter des Imperialismus. Eine Übersicht ihrer Hauptströmungen*, Berlin [Ost] 1945, S. 57).
Auf Erpenbecks Kritik antwortete Wolfgang Harich, Theaterkritiker bei der von der Sowjetischen Militäradministration in Deutschland (SMAD) herausgegebenen *Täglichen Rundschau*. Zunächst warnte er davor, eine Vokabel wie »volksfremd« zu gebrauchen, da sie nur zu deutlich an den Sprachgebrauch des Faschismus erinnere. Dann wies er den Vorwurf der »Dekadenz« als unbegründet zurück und setzte sich mit Erpenbecks ›konservativer‹ Dramenästhetik auseinander. Harichs Kritik gipfelte in dem Einwand, ein Kritiker, der es – wie Erpenbeck – »für ›selbstverständlich‹ hält, daß Theater ›dramatisch zu sein hat‹, und der dabei das ›Dramatische‹ schlechthin mit den technischen Faustregeln einer bestimmten Epoche identisch setzt«, sei »gewiß kein marxistischer Dialektiker [...].

Wenn Erpenbeck, ohne Rücksicht auf dessen Inhalte, Brecht ›dekadent‹ nennt, nur weil Brecht mit bestimmten traditionellen Formen und Techniken gebrochen hat, so stellt sich Erpenbeck damit – nolens, volens – auf den Standpunkt, daß die Form das Entscheidende sei, setzt also die Form (eine bestimmte Form!) absolut, urteilt also – formalistisch. [...] Er begreift nicht, daß die Form von ›Mutter Courage‹ durch den Inhalt geradezu erzwungen ist.« (Wolfgang Harich, »›Trotz fortschrittlichen Wollens ...‹. Ein Diskussionsbeitrag«, in: *Die Weltbühne* N. F. 4 [1949] H. 6 [8. Februar 1949], S. 217f.)
In seiner Replik rechtfertigte Erpenbeck die Verwendung des Ausdrucks »volksfremde Dekadenz« damit, dass dieser Vorwurf in der Sowjetunion »hie und da sehr bedeutenden Künstlern (wie Tairoff und Meyerhold, Schostakowitsch und Prokoffiew) gemacht wurde und wird, ohne daß ihn jemand als ›ungeheuerlich‹ empfände. Denn in der Sowjetunion diskutiert man Fragen des künstlerischen Schaffens demokratisch und sachlich auf der Grundlage einer (noch nicht restlos erarbeiteten) marxistischen Ästhetik – eben, um sie sich zu erarbeiten und auf die Praxis des Kunstschaffens anzuwenden.« Erpenbeck fühlte sich von Harich missverstanden. Keineswegs habe er »den Dichter Brecht oder Brechts Gesamtwerk« als »volksfremd und dekadent« bezeichnet. Er habe vielmehr versucht, »am Beispiel der ›Mutter Courage‹ und unter Hinweis auf andere Stücke Brechts einerseits den Beginn eines [...] dekadenten, das heißt, absteigenden, und andererseits den progressiven Weg nachzuweisen.« Es sei »historisch nachweisbar«, dass »die Vermischung der Gattungen (Epik, Lyrik, Drama) [...] stets am Beginn des künstlerischen Niedergangs einer Epoche stand.« (Fritz Erpenbeck, Polemik statt Diskussion, in: *Die Weltbühne* N. F. 4 [1949] H. 9 [1. März 1949], S. 325–327)
Ende April veranstaltete die Hochschulgruppe Berlin im Kulturbund eine öffentliche Diskussion mit Erpenbeck

und Harich. Der Berichtererstatter der *Täglichen Rundschau* resümierte: »Der Verlauf der Diskussion brachte keine endgültige Klärung über die Frage: Episches oder dramatisches Theater? [...] Fraglos eine Diskussion, die bei allen Teilnehmern ein leidenschaftliches Nachdenken entfacht hat, fraglos aber auch die Tatsache, daß die Kernfrage, ob Brecht mit seinem ›epischen Theater‹ auf dem rechten Wege sei, unbeantwortet blieb.« (Ltz., »Ein Streitgespräch um Bert Brecht. Diskussion über episches und dramatisches Theater«, in: *Tägliche Rundschau*, Berlin [Ost], 29. April 1949)
Brecht äußerte sich zu den Einwänden gegen seine Dramaturgie öffentlich in einem »Zwiegespräch« mit dem Dramatiker Friedrich Wolf (»Formprobleme des Theaters aus neuem Inhalt«, in: *Volk und Kunst. Monatsschrift des Bundes deutscher Volksbühnen* 1 [1949], S. 4–9; GBA 23,109–113). Welche Bedeutung Brecht dieser Diskussion beimaß, erhellt auch daraus, dass er den Artikel später, nur geringfügig geändert, in den Band *Theaterarbeit* (1952) aufnahm (S. 253–255).
Die Auseinandersetzung mit Wolf, dessen Argumente sich mit denen der offiziellen Theaterkritik überschnitten, zeigte, dass es um grundsätzliche Alternativen der Dramaturgie ging, die sowohl die Bauform des Dramas als auch die Wirkungskonzeption des Theaters betrafen. Darüber hinaus äußerten sich aber auch kulturpolitische Differenzen. Indirekt ging es um die Frage, wie man es mit der Mündigkeit des Publikums hielt. War man bereit, dem Zuschauer zuzubilligen, selbständig zu einem kritischen Urteil über das Gesehene zu kommen?
Einig waren sich die Kontrahenten zunächst darin, dass es das Ziel des Theaters sein müsse, »die Menschen weiter[zu]bringen« (GBA 23,111), das Publikum »sozial« zu »aktivisieren (in Schwung [zu] bringen)« (ebd., S. 112f.). Uneinig waren sie sich dagegen in der Wahl der dramatischen Mittel. WOLF argumentierte für die traditionelle,

aristotelische Dramaturgie. Er vermisste bei Brecht »die ›dramatischen‹ Elemente der ›Spannung‹, der ›Überraschung‹« und das »emotionale Erlebnis«. Er warf die Frage auf, ob es bei Brecht »eine bewußte Folge« gebe: »Erkenntnis ohne spannende Handlung, ohne Spieler und Gegenspieler, ohne Wandlung und Entwicklung der Charaktere?« (S. 110.) Zweifel hatte er auch an der Anlage der Hauptfigur. Müsste die Courage, »nachdem sie nicht bloß ihre Habe, sondern auch ihre Kinder verlor, [...] am Schluß nicht eine ganz andere sein wie am Anfang des Stückes?« (S. 111.) Wolf meinte, die ›Courage‹ wäre »*noch* wirksamer [...], wenn ihre Worte ›Verflucht sei der Krieg!‹ zum Schluß (wie bei der Kattrin) bei der Mutter einen sichtbaren Handlungausdruck, eine Konsequenz dieser Erkenntnis gewonnen hätte« (S. 112). Und er fügte hinzu, dass auch im Dreißigjährigen Krieg die Bauern sich gegen die Soldateska zur Wehr gesetzt hätten.
Brecht wies die Kritik zurück, sein Theater richte sich »in erster Linie an das Erkenntnisvermögen des Zuschauers« (S. 109f.). Er betonte, dass er »in keiner Weise auf Emotionen« verzichte: »Die ›kritische Haltung‹«, in die das epische Theater »sein Publikum zu bringen« trachte, könne ihm »nicht leidenschaftlich genug sein« (S. 110). Einwände hatte er auch gegen die Forderung, die Charaktere hätten »eine ›innere Wandlung‹ oder ›eine Entwicklung bis zur Erkenntnis‹« durchzumachen – »das wäre oft unrealistisch, und es scheint mir für eine materialistische Darstellung nötig, das Bewußtsein der Personen vom sozialen Sein bestimmen zu lassen und es nicht dramaturgisch zu manipulieren« (S. 111). Außerdem bezweifelte er Wolfs Ansicht, dass die Bewusstseinsänderung des Publikums die »Wandlung« der Hauptfigur zur Voraussetzung habe. Von daher sei es auch nicht erforderlich, die Hauptfigur zur Einsicht zu bringen. »Wenn jedoch die Courage nichts lernt – das Publikum kann, meiner Ansicht nach, dennoch etwas lernen, sie betrachtend« (S. 112). Brecht setzte auf

die Selbständigkeit des Publikums. Durch die »negative« Hauptfigur solle der Zuschauer zur kritischen Stellungnahme provoziert und damit selbst zu »richtige[n] Schlüsse[n] und Entschließungen« geführt werden (S. 110).
Brecht sah sich durch die Reaktionen des Arbeiterpublikums in der Voraufführung (9. Januar 1949) in seinen dramaturgischen Auffassungen bestärkt, besonders in dem Verzicht, die Courage als Vorbildfigur zur Einfühlung und Identifikation anzulegen: »Sie [die Schüler der Funktionärsschule] können die Kleinbürger objektiv anschauen (und doch bemitleiden) und erkennen sich selber in der stummen Kattrin wieder«, trug er befriedigt ins *Journal* ein (28. Januar 1949; GBA 27,299; vgl. auch die Eintragung vom 17. Januar, ebd., S. 298).

Bei den Kritikern im Westen gab es zwar politische Vorbehalte gegen Brecht; doch überwog die Begeisterung die ideologischen Einwände. Friedrich Luft schrieb:

»Das bleibt aus der Erinnerung nicht wieder zu entfernen: wie der bedeutendste Dramatiker unserer Sprache nach 15 Jahren unwirtlicher Emigration wieder auf einer Berliner Bühne stand und nun der Jubel der Betroffenen aus dem Zuschauerraum über ihn hinging. Unsere Bühne hat mit der authentischen Darstellung seiner ›Mutter Courage‹ eine herzhafte Spritze erhalten. Dieser hartnäckig unbequeme Dichter gibt mit einem dramatischen Schlage wieder Anlaß, Position der Zeit und des Theaters genau zu überdenken und zu revidieren. Daß dergleichen gerade auf den Brettern *der* Bühne geschah, die sich so linientreu und wacker um die Innehaltung eines antiquierten ›Progressivstils‹ bemüht, war dabei nicht ohne schöne Ironie zu beobachten.
Denn hier wurde radikal und ohne billige Hoffnung auf einen bequemen Ausweg aus dem Dilemma des Menschlichen vorgegangen. In fast vier Stunden klarster Darstel-

lung der unleidliche Tatbestand: wie der Mensch böse sei von Mutterleib. Und wie die sich lustvoll fortpflanzende Pest des Krieges angetan ist, das Böse zu vervielfältigen. [...] Hier wird der Mensch nicht geliebt, kaum bedauert. Er wird unablässig gewarnt. Lehre in der Form epischen Theaters. Nur in einem halben Satz wird der Hoffnung eine Tür halb offengehalten mit den fünf achselzuckend halboptimistischen Worten: ›Und brauchte doch nicht sein ...‹ Sonst am Beispiel die pure, warnende Negation.«

Friedrich Luft: Bertolt Brechts Berliner Wiederkehr. In: Die Neue Zeitung. Frankfurt a. M. (Berliner Ausgabe). 15. Januar 1949.

Luft lobte Brecht dafür, dass er

»*Helene Weigel* auf die Berliner Bühne zurückgeführt [habe], ein Datum, das zu vermerken bleibt. Sie, vor fünfzehn Jahren aus der vordersten Linie des Experimentiertheaters mit Brecht emigriert, hatte damit eine herrliche Wiederkehr. Wir sind um eine unverwechselbare Schauspielerin reicher mit diesem erregenden Premierenabend. Klein, von einer zähen Fragilität, das harte und unvergeßliche Gesicht wie von der Kollwitz gezeichnet, spielte sie die Mutter Courage. Eine schauspielerische tour de force, die sie scheinbar mühelos erledigte. Wie sie – sozusagen klug *neben* der Rolle stehend – das Schicksal der vom Krieg betroffenen Frau vorzeigte, ohne selbst sich in der Figur zu verlieren, wie sie, spielend, das Exempel statuierte mit einer wie selbstverständlich scheinenden darstellerischen Überredungskraft, das bleibt noch genauer zu studieren und in der Beobachtung bei öfterem Hinsehen zu analysieren. Hier ist eine Prägnanz der Arbeit am Werke, die neu war und oft genug den Atem benahm. Helene Weigel hat damit den Schauspielern ein Beispiel gegeben, das neugierig und gelehrig beobachtet werden muß.«

Ebd.

Die Rolle der Courage verschaffte Helene Weigel nicht nur die Anerkennung der Theaterkritik, sondern auch enorme Popularität unter der Bevölkerung in der DDR. Von der 1.-Mai-Demonstration, an der das Berliner Ensemble mit einem eigenen Lastwagen beteiligt war, notierte Brecht ins *Journal*: »Helli wird durch alle Straßen hindurch begrüßt, Frauen halten tatsächlich die Kinder hoch: ›Die Mutter Courage‹!« (1. Mai 1950; GBA 27,312)

Berlin (Berliner Ensemble) 1951

Die Neueinstudierung des Stücks mit dem Berliner Ensemble wurde auf zahlreichen Gastspielen in vielen Ländern Europas gezeigt. Nach Besuchen in den Niederlanden und in Belgien 1951 gastierte das Theater im Dezember 1952 in Polen. Die »immer wieder« geäußerte Kritik, das Stück sei »pazifistisch«, wies Brecht verärgert zurück. Das Stück zeige »die Erlebnisse einer kleinen Händlerin, die im Krieg Geschäfte machen will und alles verliert. Der Krieg trifft sie keineswegs als blindes Schicksal, sondern sie erkennt ihn als die profitablen Machenschaften der Großen; an ihnen will sie sich beteiligen.« Auch das »Bild« des kriegerischen Deutschlands tauche auf, und in der Figur der stummen Kattrin habe er die »Aktion gegen den Krieg« berücksichtigt. Die polnische Kritik zeige die »Ungeduld unserer neuen sozialistischen Gesellschaft«, die »völlig aufs Tätige« gerichtet sei (*Journal*, 12. Januar 1953; GBA 27,345).

Ende Mai 1954 trat das Berliner Ensemble mit seiner Inszenierung beim 1. »Festival International d'art dramatique« in Paris auf. Gespielt wurde im Théâtre Sarah Bernardt. Das Gastspiel war ein beispielloser Erfolg und brachte dem Theater den internationalen Durchbruch. Sowohl das Stück als auch die Regie wurden jeweils mit dem ersten Preis ausgezeichnet.

Die triumphale Aufnahme, die die Aufführung auf dem Festival in der französischen Hauptstadt erfuhr, sicherte der umstrittenen Bühne in der DDR das Überleben. Manfred Wekwerth berichtet, dass der internationale Erfolg schließlich Walter Ulbricht, seines Zeichens Generalsekretär der SED und stellvertretender Ministerpräsident der DDR, davon abgehalten habe, seinen Beschluss auszuführen, das Berliner Ensemble als eigenes Theater aufzulösen.[4]

Es folgten Gastspiele in England (1956), der Sowjetunion (1957: Moskau, Leningrad), der Tschechoslowakei (1958), Skandinavien (1959: Stockholm, Helsinki) und erneut in Frankreich (1960: Paris).

Die Modellinszenierung stand bis zum 4. April 1961 auf dem Programm des Berliner Ensembles und wurde 405 Mal gespielt. Auf ihr basierte auch die Filmfassung, die Peter Palitzsch und Manfred Wekwerth 1960/61 für die DEFA drehten (vgl. Kap. VI,2).

Zu einer erneuten Inszenierung am Berliner Ensemble kam es am 3. Oktober 1978. Die Regie führte Peter Kupke, die Titelrolle spielte Gisela May. Auch hier wurde das Modell zugrunde gelegt. Bis zum 30. April 1992 wurden 217 Vorstellungen gegeben.

c) Zu ausgewählten Inszenierungen nach Brechts Tod

Einen frühen Versuch, das Stück unabhängig vom Modell zu inszenieren, machte Hans Schalla 1958 am Schauspielhaus Düsseldorf (Premiere: 9. Februar, Titelrolle: Elisabeth Flickenschildt). Das Bühnenbild verwandte farbige Kontraste: einen dunkelroten Hintergrund bei tiefschwarzer Decke. Am Ende verließ die Courage die Bühne ohne Wagen. Das Premierenpublikum spendete zwar viel Bei-

4 Vgl. den Bericht Manfred Wekwerths in: M. Wekwerth, *Erinnern ist Leben. Eine dramatische Autobiographie*, Leipzig 2000, S. 132f.

fall. Doch Schallas Ansatz, *Mutter Courage* »bewußt anders« zu inszenieren, als Brecht das vorschlägt, habe – so André Müller – »ungestisches Theater par excellence« hervorgebracht.

»[Mutter Courage] soll einen Kapaun rupfen und faltet stattdessen die Hände; sie macht dem Text zufolge Inventur und zählt Waren, aber sie faltet die Hände; Ida Krottendorff als Kattrin soll in der gleichen Szene Waren zählen, tut das aber nicht, sondern starrt nur die anderen an usw. Das Resultat war logischerweise, daß ohne Gesten auch der Grundgestus einer Figur nicht sichtbar werden konnte. Wo bei Brecht grundsätzlich die Praxis, also das typische Verhalten eines bestimmten Menschen in einer bestimmten Situation herangezogen wird [...], ließ Schalla sich irgend etwas einfallen, meistens jedoch gar nichts. [...]
Der Versuch Schallas, Brecht gegen Brecht zu spielen, ist jedenfalls elend gescheitert.«

André Müller: Hans Schalla vergriff sich. *Mutter Courage und ihre Kinder* im Düsseldorfer Schauspielhaus. In: Stimme des Friedens. Düsseldorf. Nr. 8. Februar 1958. – © André Müller, Tann.

Als »Wendepunkt in der Geschichte der Brecht-Rezeption der Regisseure« und »Meilenstein in der Entwicklung der Bühnenrealisierungen« der *Mutter Courage* wurde Peter Palitzschs Inszenierung am Schauspielhaus Stuttgart (Premiere: 22. November 1970) beurteilt (Olsson 1996, S. 34 bzw. 38). Es war bereits die dritte Inszenierung des Regisseurs (nach der Filmfassung und der Aufführung in Köln 1964). Erstmals hatte Palitzsch das Modell aufgegeben, was sich schon im Bühnenbild von Wilfried Minks bemerkbar machte. Aber auch die Hauptfigur war neu angelegt. Hellmuth Karasek schrieb:

»Auffällig an Ingeborg Engelmanns Courage (im Kostüm war sie aus dem grauen Sackleinen des Dreißigjährigen

Kriegs gelöst, trug jene Fetzen des letzten Nachkriegs, mit denen Frauen versuchten, trotzig Lebenslust gegen das Elend aufzubieten): mindestens ebenso stark, wie das Mütterliche zählte, zählte sie selber als Frau. In ihre Beziehung zur Tochter, zur stummen Kattrin, spielte fast so etwas wie die Eifersucht zwischen junger Mutter und großer Tochter mit. Bezeichnend dafür, daß die Stuttgarter Inszenierung die Szene, wo Kattrin, die sich verraten und verkauft glaubt, bei Brecht die Hosen des Kochs neben den Rock der Mutter hängt, diesmal auf dem Firmenschild ihrer Mutter den Namen Fierling so veränderte, daß er noch drastischer auf die sexuelle Komponente aufmerksam machte.

In dem Händlertum dieser Courage steckte eine viel größere Portion eigene, nur vertagte Lebenslust, auch ein gewisser Selbstgenuß an der eigenen vermeintlichen Schläue.

[...] Diese Courage appellierte stärker an die Lebenslust von Leuten in friedlichen, ja luxuriösen Zeiten. Sie war gerade deshalb, auf heute bezogen, kritischer: an einer Frau, die die Resolutheit hat, alles zu meistern (und dies nicht nur aus einem versteinten Kriegsmuttertum), kann der Zuschauer erfahren, daß es in Kriegen in dieser listigen Isoliertheit und in diesem notwendig wölfischen Egoismus, auf den sich der Selbsterhaltungstrieb zurückzieht, nichts zu meistern gibt.

Denn eine Einsicht des Stücks ist doch diese: der einzelne, im übrigen Drama auf seine Entscheidungen zurückgeworfen, mag noch so viel aufbieten, der Krieg mag seine vitalen Verschlagenheiten noch so sehr steigern – er bleibt der Dumme, der Untergebutterte. Die Teilhabe, von der die Courage träumt, ist im Krieg nicht drin. Wenn Ingeborg Engelmann sich dazu auf Gesten unserer Erfahrungen stärker verließ als auf modellhafte Strenge, wenn sie an der Stelle von Härte verzweifelt die Reserven an Weiblichkeit aufbot, wenn sie das (falsche) Selbstvertrauen eines Stehaufweibchens an den Tag legte – ich meine, der

Rolle und dem Stück kam dies nur zugute und befreite beide vom herb-hehren Museumsmoder.

Der deutlichste Gewinn war die Beziehung zur Kattrin [...]. Wenn sich diese Kattrin [Elisabeth Schwarz] in Augenblicken der Verlassenheit oder des Nachdenkens eine Zigarette anzündete (beredte Momente ihres Stummseins), dann wurde an der Aufführung deutlich, daß die Aufhebung der zeitlichen Fixierung auf den Dreißigjährigen Krieg keineswegs ein ›modischer‹ Einfall war [...].«

Hellmuth Karasek: Wie alt ist die Courage? In: Die Zeit. Nr. 49. 4. Dezember 1970. –

Über das Bühnenbild von Wilfried Minks hieß es:

»Auf den Vorhang, den er an die Stelle der Neher-Gardine spannte, setzte er Annoncen unserer Konsumwelt: den Abstand, den das Stück vom Krieg zum Konsumfrieden zu überspielen hatte. Seine Bühne war mit Kriegsgerümpel aus allen Kriegen seit dem Dreißigjährigen angefüllt. Im Hintergrund der berühmte Gasmaskenchristus, eine Popanzfigur von Nixon auf der Seite, ein Steinfriedhof von Gefallenen im Hintergrund, Rudimente von Luftschutzkellern, spielende Kinderpuppen als Kriegsopfer verpackt, ein Autowrack schließlich, ein Kühlschrank. Der glücklichste Einfall waren die Kostüme, die von der Zeit der Glaubenskriege mühelos durch alle folgenden Kriege gezogen wurden, durch das Feldgrau des Zweiten Weltkriegs bis zu heutigen Kolonial- und GI-Uniformen. So waren in fast jeder Szene Kostüme aller Kriegsepochen zu sehen: Nicht die historische Festlegung war angepeilt, sondern der sich wiederholende gleichbleibende Vorgang. Und den zeigt ja Brecht: nicht eine historische Chronik, sondern ein sehr genau stilisiertes Verhaltensrepertoire des angeblichen ›Das Leben geht weiter‹ mitten im Krieg.«

Ebd.

Einen Bruch mit der bisherigen Aufführungstradition bildete auch die Inszenierung der Performance Group in New York (Premiere: 24. Februar 1975, Titelrolle: Joan MacIntosh).[5] RICHARD SCHECHNER, der Gründer der Truppe und wohl wichtigste Repräsentant des amerikanischen Environmental Theatre, zielte auf die Irritation des Publikums. Die Trennung zwischen Bühne und Zuschauerraum war aufgehoben. Die Darsteller mischten sich unter das Publikum. Auch der Blick in die Garderobe blieb frei. Auf den Planwagen war verzichtet worden. Im Aufführungsraum waren Seile ausgespannt, mit und in denen sich das Spiel vollzog – ein Sinnbild der Verstrickungen, in die die Figuren geraten.

In einem Interview gab Schechner eine Beschreibung der Inszenierung, die im Folgenden zusammengefasst wird. Das Stück war in drei Handlungseinheiten zerlegt. Der 1. Handlungablauf beginnt bereits mit dem Kartenverkauf. Hinter der »Kontrollkasse«, die auch in den folgenden Szenen mitspielt, sitzt der Regisseur und verkauft die Eintrittskarten. Dann gehen die Zuschauer in den Theaterraum – eine große, zweistöckige »Bühnengarage«, in der ehemals Lastwagen untergebracht waren –, in der sie sich die Plätze selbst wählen dürfen. Am Schluss der 3. Szene wird dem Publikum ein Abendessen angeboten. Es wird von den Darstellern ausgeteilt, die anschließend zugegen bleiben und sich mit den Zuschauern unterhalten. Das Essen wird direkt neben der »Grube« eingenommen, wo um die Freigabe des Schweizerkas verhandelt und schließlich seine Leiche bestattet wird. »Durch die Beteiligung an einer wirklichen Mahlzeit wird das Publikum zu einer schockartigen Auseinandersetzung mit seinen ›spontanen‹ Gefühlsregungen gezwungen« (»Gespräch mit Richard Schechner über seine New Yorker Aufführung der *Mutter Courage*. Aufgezeichnet von John Fuegi [Milwau-

5 Textgrundlage war die englische Übersetzung von Ralph Manheim.

kee]«, aus dem Amerik. übers. von Jost Hermand, in: *Brecht-Jahrbuch 1976*, hrsg. von John Fuegi [u. a.], Frankfurt a. M.: Suhrkamp, 1976, S. 166–176, hier S. 173). Zum Abschluss informiert der Regisseur über den weiteren Handlungsgang. Dann wird das »Lied von der großen Kapitulation« als Kabarettnummer vorgetragen. Der 2. Handlungsablauf beginnt mit der 5. Szene und geht bis zum Ende der 8. Szene.

Mit der Aufforderung an die Zuschauer, das Theater zu verlassen und sich zur Fortsetzung der Handlung nach draußen auf die Straße – eine Hauptverkehrsstraße – zu begeben, wird der 3. Handlungsablauf eingeleitet. Da es kalt ist, müssen die Zuschauer ihre Mäntel anziehen. »Dieser Einbruch des wirklichen Wetters in die Garage ist außerordentlich wichtig. [...] Das Publikum erlebt auf diese Weise die Umwelt direkt mit« (S. 175). Der Schluss spielt wieder auf der ursprünglichen Spielfläche. Anstatt die tote Kattrin zu begraben, reißt die Courage ihrer Tochter, »im wahrsten Sinne des Wortes, wie eine Hyäne die Kleider vom Leib und stopft sie zu ihren eigenen Sachen. Sie nimmt Kattrin alles weg, sogar die roten Stiefel, die sie wieder zum Verkauf anbietet« (S. 176). Da sich alles »in eisiger Kälte vollzieht« – das Garagentor bleibt offen – »und man eine halbentblößte Schauspielerin vor sich sieht, von der man weiß, daß sie nicht tot ist, sondern noch lebendig ist«, »wird dies zu einer sehr grausamen Szene« (ebd.).

Das Urteil der Kritik war gespalten. Jack Kroll begrüßte im Nachrichtenmagazin *Newsweek* die Inszenierung. Clive Barnes dagegen äußerte in der *New York Times* Vorbehalte: »The fabric and fiber of Brecht's play, even Brecht's thoughts, never seemed to emerge« (zit. nach: Karl-H[einz] Schoeps, *Bertolt Brecht*, New York: Ungar, 1977, S. 267).

Umstritten war auch die Aktualisierung, die Alfred Kirchner 1981 in seiner Inszenierung am Bochumer Schauspielhaus vornahm (Premiere: 1. April, Titelrolle: Kirsten Dene). »Kirchner nähert sich dem Stück durch Theatralisierung«, schrieb JOCHEN SCHMIDT. »Nicht ›eine Chronik aus dem Dreißigjährigen Krieg‹ wird gezeigt, sondern der Umgang, den ein Schauspielerensemble von heute mit dieser Chronik pflegt.« Diese »Methode« zeige sich besonders in der 11. Szene:

»Bei Kirchner, der die Szene so stark gestrichen hat, daß sie beinahe ihre Verständlichkeit verliert, gibt es weder Bauernhaus noch Dach. Es gibt nur ein Schlagzeug, das zusammen mit anderen Instrumenten der kleinen Theaterband, der Paul Dessaus Musik, neu arrangiert von Hans Georg Koch, anvertraut ist, den ganzen Abend über am linken Rand der Bühne steht. Die Bühne von Marietta Eggmann verzichtet auf die klassische Brecht-Gardine ebenso wie auf andere gewohnte Courage-Accessoires und versammelt statt dessen Möbel, Gegenstände und Baulichkeiten von heute um eine mit Sägemehl bestreute Manege. Beherrscht wird sie von einer Registrierkasse vorn an der Rampe; links, hinter den Musikinstrumenten und einem entlaubten Baum, ragt ein Bunker auf, rechts stehen Sessel und andere Sitzgelegenheiten für das Ensemble, und vor ihnen ist ein Videogerät installiert, auf dem ab und an, vom Ensemble beobachtet, Nachrichten über den aktuellen Stand der Rüstung und der Wehrtechnik flimmern.
Wenn Kattrin – die zarte, verletzliche Jessica Früh – sich aus dem Gebet für die Stadt fortschleicht, läuft sie zum Schlagzeug und langt kräftig hin: ein Akt von Theater eher als eine Sabotageaktion. Auf ihren lärmenden Ausbruch reagiert die Inszenierung mit einer stummen Demonstration militärischer Supermacht. Aus dem Bühnenhimmel senkt sich an Seilen ein originalgroßes Kampfflugzeug, das von Kattrin zunächst ebenso mit dem Holzhammer attakkiert wird wie zuvor das Schlagzeug [...]. Bis dahin mag das Bild noch angehen. Dann entgleist es. Kattrin erklet-

Jessica Früh als Kattrin in der Aufführung der *Mutter Courage* am Schauspielhaus Bochum 1981, Regie: Alfred Kirchner (11. Szene)
Foto: Biber Happe

tert die Tragfläche des gelandeten Kampfgeräts und wird von dort heruntergeschossen von Soldaten, deren angedeutet historische Kostüme und Waffen zur neuen Wehrtechnik fast komisch kontrastieren. [...]
Die Schauspieler erscheinen in Alltagskleidung, und einer von ihnen sprayt die Parole ›Für den 3. Weltkrieg‹ mit weißer Farbe auf eine schwarze Fläche. Auf dem Videomonitor laufen zunächst Bildsequenzen von kriegerischen Greueln. Dann erklärt ein vom Fernsehen bekannter Kopf, das Problem der Bürger in ganz Europa sei doch: ›... sind wir bereits wieder in einer Vorkriegszeit‹: die letzten Wörter werden mehrfach wiederholt. Das Ensemble drängt sich ums Klavier und intoniert das Courage-Lied als jazzige Nummer. Während des Songs legen die ersten ihre Kostüme an, und noch ehe der Karren der Courage in die Szene

fährt, tritt eine hinzuerfundene, wichtige Figur vor die Zuschauer. Der Tod als Clown (Gottfried Lackmann) führt das Ensemble in ein Schnaderhüpferl hinein: ›Ohne Krieg gibt's keine Ordnung, ohne Ordnung keinen Krieg.‹
Die Courage gleichzeitig auf dem Theater und im Dritten Weltkrieg: diese Spannung bestimmt die Aufführung. Sie macht Kirchners Theater gleichzeitig trivial und erregend, unterhaltsam und banal. Spießbürger mit dicken Masken schwadronieren vom Einmarsch am Persischen Golf. Im Fernsehen sind fiktive Meldungen vom amerikanisch-russischen Krieg im deutschen Kampfgebiet zu sehen. Mit Gelächter kommentiert der Tod, sich vollfressend, Tele-Statements vom Gleichgewicht des Schreckens. Als Conférencier probiert der Tod den Redetonfall Hitlers: er singt ›Good bye, Johnny‹ und drapiert, in einer der besten Szenen der Inszenierung, den Leichnam des toten Courage-Sohnes Schweizerkas (Ulrich Gebauer) als makabres Kunstwerk in der Mülltonne.«

Jochen Schmidt: Mutter Courage im Dritten Weltkrieg. In: Frankfurter Allgemeine Zeitung. 7. April 1981. – Mit Genehmigung der Frankfurter Allgemeinen Zeitung.

Auf entschiedene Ablehnung stieß Kirchners Interpretation dagegen bei Walter Hinck. *Mutter Courage* bedürfe »keiner Aktualisierung«: »[...] wo das Parabelhafte des Stücks aufgebrochen und zerstört wird, geht im Spektakelhaften vordergründiger Aktualisierungen auch vieles vom Ernst und von der Tiefendimension der gleichnishaften Chronik verloren« (Walter Hinck, »*Mutter Courage und ihre Kinder*. Ein kritisches Volksstück«, in: *Brechts Dramen*, hrsg. von Walter Hinderer, Stuttgart: Reclam, 1995, S. 93–120, hier S. 93).

Im Oktober 1995 wurde das Stück unter dem Titel *Maama Nalukalala Ne'zzadde Lye* am Nationaltheater in

Kampala (Uganda) in afrikanischer Sprache (Laganda) aufgeführt, neun Jahre nach dem Ende des Bürgerkrieges. Die Regie hatten Jane Collins und Jessica Kaahwa. Mutter Courage wurde von Rose Mbowa gespielt. Die Theatertruppe setzte sich aus professionellen Schauspielern, Schauspielschülern und Laiendarstellern zusammen. Die meisten Mitglieder kamen aus Uganda; vier stammten aus Großbritannien. Eine Übertragung des historischen Handlungshintergrunds auf afrikanische Verhältnisse schien unnötig, da die Parallelen zwischen dem Dreißigjährigen Krieg und der postkolonialen Geschichte Ugandas allen Beteiligten offensichtlich waren. Die musikalischen Kompositionen waren von afrikanischen Traditionen inspiriert.[6] Die englische Theaterwissenschaftlerin Viv Gardner berichtete über das Hauptrequisit und die Eröffnung des Stücks:

»On stage, Maama Nalukalala's cart is [...] an ancient railway-yard truck on a huge lorry-axle, surmounted by a bedframe to create a ›tent‹ whose walls are rattan blinds and the goods that she has acquired. In Scene 7, when Maama Nalukalala is at the height of her success, the cart seems as high as it is long with booty: booty that will be looted by silent figures during the progress of Scene 9. On stage too is the earth that is so characteristic of the southern areas of Uganda. A rectangle of red fills the playing area, creating a stage within a stage. During the performance the soil becomes churned and rutted, and the torn polythene beneath it is dragged through by the wheels of the cart and the feet of the actors. The proscenium frame of the National Theatre is breached by an apron built of rough planking. The back wall of the stage is an unforgiving concrete grey. Downstage on the apron sit six musicians in

6 Über eine frühere afrikanische Inszenierung in Nigeria vgl. Nick Wilkinson: »*Mutter Courage* in Westafrika«, aus dem Engl. von Jost Hermand, in: *Brecht-Jahrbuch 1974/75*, Frankfurt a. M. 1975, S. 117–124.

white *kanzu*. Centre-back is the cart. The image is familiar. A woman braced proudly on the front platform of the cart, in front of her a younger women, seated. Two young men in the wooden yoke of the truck. There is an eerie wailing blast, joined by a peppershot of drums and then a rhythmic, slurred scraping on plastic. Gradually the voices of Maama Nalukalala and the actors take up the song. Dumb Kattrin ›sings‹ by breathing across the top of a Coca-Cola bottle. The horn is an eight-foot funeral horn, the drums a mixture of native drums and plastic-bottle crates. Then, with visibly necessary effort, Eilif and Swiss Cheese press forward in the yoke, and after some seconds the cart begins to roll forward.«

Peter Thomson: Brecht. *Mother Courage and her Children*. With a Conclusion by Viv Gardner. Cambridge: Cambridge University Press, 1997. S. 168–179, hier S. 168f. – Mit Genehmigung der Cambridge University Press, Cambridge.

Abschließend hieß es:

»Brecht described Mother Courage's inability to learn about the war at the time he wrote the play as 'prophetic'. The Ugandan production of *Maama Nalukalala Ne'zzadde Lye* was not played, or received, as prophecy. For me it was the most passionate anti-war statement I have experienced, passionate in its realism, passionate in its assertion of humanity, passionate in its critique of war.«

Ebd. S. 179.

2. Zur Rezeption im Drama

Brechts *Mutter Courage* hat vielfältige Wirkungen auf die deutsche und internationale Literatur des 20. Jahrhunderts ausgeübt, besonders auf die Dramatik. Dabei wurden nicht nur Themen und Motive des Stücks verarbeitet, z. T. in freier Anknüpfung und Variation, es fand auch eine Auseinandersetzung mit der epischen Dramaturgie statt. Die folgende Auswahl soll das exemplarisch dokumentieren: an Helmut Baierls Komödie *Frau Flinz*, Martin Sperrs Schauspiel *Koralle Meier*, George Taboris Stück *My Mother's Courage* und Dušan Jovanovičs Szenenfolge *The Puzzle of Courage.*

Helmut Baierl (geb. 1926), von 1959 bis 1967 Dramaturg am Berliner Ensemble, schrieb *Frau Flinz* in Zusammenarbeit mit Manfred Wekwerth und den Mitarbeitern des Berliner Ensembles auf Anregung von Helene Weigel, die ihn mit dem Auftrag engagiert hatte: »Schreibst mir a Rolln!« (Helmut Baierl, *Die Köpfe oder Das noch kleinere Organon. Geschichten*, Berlin/Weimar: Aufbau-Verlag, 1974, S. 13). Mit insgesamt 94 Aufführungen war die Inszenierung ein großer Bühnenerfolg, nicht zuletzt dank der Weigel, die die Titelfigur spielte (Uraufführung: 8. Mai 1961, Regie: Peter Palitzsch / Manfred Wekwerth).[7]
Baierls »sozialistische Komödie«, in einer 1968 in der DDR erschienenen Literaturgeschichte als ein »Höhepunkt unserer dramatischen Literatur« apostrophiert,[8] ist ein den veränderten politischen Zeitverhältnissen entsprechender Gegenentwurf zur *Mutter Courage*. Baierl adaptierte von Brecht nicht nur die literarische Vorlage, sondern auch das literarische Verfahren: »ein Stück von einem anderen nehmen und es umdrehen« (ebd.). In der Dramaturgie aber wich er von seinem Vorbild ab. – Mutter Courage will ihre Kinder vor dem Krieg bewahren und verliert sie an ihn; Baierls Hauptfigur, die Witwe Martha Flinz, will ihre Kinder vor der Politik bewahren und verliert sie an den Sozialismus. Beide aber wollen von den Verhältnissen profitieren. Warum sie sich aus der Politik

7 1964 fand eine Neuinszenierung mit Helene Weigel statt (Premiere: 28. April, Regie: Uta Birnbaum). Sie erlebte 41 Vorstellungen bis zum 23. Mai 1966.
8 *Deutsche Literaturgeschichte in einem Band*, hrsg. von Hans Jürgen Geerdts, Berlin [DDR], S. 711.

des neuen Staates heraushalten will, begründet die Flinz gegenüber dem Kommunisten Fritz Weiler mit ihren leidvollen Erfahrungen unter dem Naziregime:

»Ich habe fünf Jungen, das reicht. Hätte ich mich um die Politik gekümmert wie ihr Vater, wir wären alle verhungert. Sie haben gestreikt auf dem Gut, und wir lagen auf der Straße. Anton war sieben, und er mußte schon mitarbeiten. Ihr Vater hat nur noch getrunken. Er kam nicht darüber hinweg. Und als mein Johann in Frankreich gefallen war, habe ich mir geschworen, die Jungen kriegen sie nicht. Zwei Einberufungen habe ich verbrannt. Den Franz tischek habe ich ihnen als taubstumm eingeredet. Und da können sie ›Siegheil‹ rufen oder ›Rotfront‹, wer nach ihnen den Arm ausstreckt, dem hack ich ihn ab. Wir wollen unsere Ruhe. Wir müssen an uns selber denken.«

Helmut Baierl: Frau Flinz. Komödie. In: H. B.: Stücke. Berlin [DDR]: Henschelverlag, 1969. S. 39–120, hier S. 60 (1. Akt, 2. Szene).

Baierls Stück spielt in den Jahren 1945–52 in einer ostdeutschen Kleinstadt. Die Landarbeiterin Flinz kommt als Umsiedlerin aus Böhmen mit ihren fünf Söhnen in die sowjetische Besatzungszone. Die Taktik des Sich-Heraushaltens, mit der sie im Kapitalismus sich und ihre Kinder durchgebracht hat, misslingt ihr unter den veränderten gesellschaftlichen Verhältnissen vollständig. Ein Sohn nach dem anderen verlässt sie und schließt sich den Organisationen und Institutionen des neuen Staates an. Doch am Ende gewinnt auch die Flinz Einsicht in die gesellschaftlichen Verhältnisse, gründet eine der ersten Landwirtschaftlichen Produktionsgenossenschaften und übernimmt deren Vorsitz.

Baierl brachte mit der Titelfigur einen positiven Helden ganz im Sinne der parteioffiziellen ›Linie‹ auf die Bühne.

Dem Zuschauer wurde ein Identifikationsangebot gemacht.[9] Heiner Müller bezweifelte 1976 in einem Interview, dass man mit einer solchen Dramaturgie die Realität in der DDR überhaupt erfassen könne (wobei er sich ausdrücklich auf Baierls Stück bezog).[10]

Auch die Titelfigur in MARTIN SPERRS (geb. 1944) parabelartigem Volksstück *Koralle Meier. Die Geschichte einer Privaten* (Uraufführung: 7. Februar 1970, Regie: Peter Palitzsch) »stammt«, wie Walter Hinck bemerkt, »von der Mutter Courage ab, aber in ihr schlagen auch die Züge der Landstörzerin (und Dirne) Courasche aus Grimmelshausens ›Simplizissimus‹ wieder stärker durch« (1973, S. 198). Weitere Anklänge an Brecht finden sich im Stilistischen und Dramaturgischen.[11]
Koralle Meier ist eine kinderlose Prostituierte in einer bayrischen Kleinstadt in der Zeit des Hitlerregimes, gegen Ende der dreißiger Jahre. Von ihren Einkünften hat sie etwas zurückgelegt, um einen Gemüseladen mit Stehimbiss eröffnen zu können. Doch das Vorhaben, sich eine normale bürgerliche Existenz aufzubauen, scheitert an der Konkurrenzangst ihrer Nachbarn, eines Bäckers und eines Metzgers (der zugleich Bürgermeister ist). Als sie aus Güte einem jüdischen Friseur mittels eines Darlehens zur Flucht ins rettende Ausland verhilft, wird sie denunziert und in ein Durchgangslager eingeliefert. Auf die Fürsprache des Ortsgruppenleiters, der zu ihren Kunden gehört, kommt

9 Positiv umgedeutet wird die Figur auch in dem 1982 uraufgeführten »Schauspiel« *Denkmal* des DDR-Dramatikers Jürgen Groß (geb. 1946). Hier tritt sie sogar selbst auf und belehrt die »Nachgeborenen«.

10 Heiner Müller, »›Einen historischen Stoff sauber abschildern, das kann ich nicht‹. Ein Gespräch beim Wisconsin Workshop in Madison/USA über Geschichtsdrama und Lehrstücke sowie den produktiven Umgang mit Brecht und Artaud«, in: H. M., *Gesammelte Irrtümer. Interviews und Gespräche*, Frankfurt a. M. 1986, S. 31–49, hier S. 38.

11 Sperrs Stück erschien als Bühnenmanuskript im Verlag der Autoren, Frankfurt a. M. 1970.

sie zwar wieder frei. Aber die Haft hat sie verändert. Der Anpassungsdruck des nationalsozialistischen Terrors hat aus ihr eine Antisemitin gemacht. Sie versagt der Geliebten des Bürgermeisters, einer ›Viertel-Jüdin‹, ihre Hilfe und schwärzt das Stadtoberhaupt, das ihr die Konzession für den Gemüseladen verweigert, wegen ›Rassenschande‹ an. Ihrem Ziel aber, dem ›Einzelhandel‹, kommt sie damit nicht näher. In ihrem Ärger beschimpft sie die Staatsorgane und wird erneut interniert. Zu spät erkennt sie, dass sie das Opfer der gesellschaftlichen Verhältnisse geworden ist: Ausgegrenzt, diskriminiert oder sogar physisch vernichtet wird derjenige, der die wirtschaftliche Einflusssphäre der Mächtigen bedroht. Am Ende ruft sie die Mithäftlinge zum Widerstand auf, wird von Soldaten zusammengeschlagen und abtransportiert.
Sperr demonstriert in *Koralle Meier* am Nationalsozialismus, was Brecht in *Mutter Courage* am Krieg zeigt: dass unter bestimmten sozialen und politischen Konstellationen gewisse Tugenden tödlich sind. Im Gegensatz zu Mutter Courage lernt Koralle Meier allerdings aus ihren Erfahrungen. Darin gleicht sie Martha Flinz.

Mit dem Titel *My Mother's Courage* (dt.: ›Mutters Courage‹) fordert George Taboris (geb. 1914) Schauspiel (Uraufführung: 17. Mai 1979 in der Regie des Autors; Filmversion 1995) den Vergleich mit Brechts Stück geradezu heraus.[12] Man sollte den Titel indessen nicht nur für einen oberflächlichen Kalauer halten (wie Iwona Uberman, *Auschwitz im Theater der »Peinlichkeit«. George Taboris Holocaust-Stücke im Rahmen der Theatergeschichte seit dem Ende der 60er Jahre*, Diss. München 1995, S. 85). Ein solches Urteil droht nicht nur den Blick auf die vielfälti-

12 Das Stück ging aus der gleichnamigen, 1975 entstandenen Erzählung hervor. Sie ist in der Übersetzung von Ursula Grützmacher abgedruckt in: George Tabori, *Son of a Bitch. Erzählungen*, Frankfurt a. M. 1984, S. 5–30 (zuerst 1981).

gen inneren Beziehungen zwischen den beiden Stücken zu verstellen; es könnte auch dazu verleiten, die wichtige Funktion zu übersehen, die Brechts Theorie des epischen Theaters für Taboris dramatisches Schaffen hat. Brechts Vorlage – »Lotta Svärd« – beschreibe die Hauptfigur als ›Engel der Schlachtfelder‹, sagte Tabori in einem Gespräch, Brecht zeige sie als ›Hyäne der Schlachtfelder‹: »Meine Mutter war keines von beiden, sie war etwas komplizierter.«[13] Der Autor, der *Mutter Courage* ins Englische übersetzte und 1967 an der Universität von Vermont nach dem »Modell« auch selbst inszenierte (zusammen mit Martin Fried), greift in dem auf einer wahren Begebenheit basierenden Stück das Motiv des Mutes auf, den das Überleben der Gewalt, sei's im Krieg, sei's im Faschismus, verlangt (vgl. 69,21–24 [57,16–19]). Tabori nimmt nun gegenüber Brecht eine entscheidende Veränderung vor: Er verknüpft das Motiv des Mutes mit dem Motiv der Überlebensschuld, die auf demjenigen lastet, dem es glückte, der Shoah zu entkommen.

Der Autor schildert in dem Stück die wundersame Rettung seiner jüdischen Mutter vor dem Tod in der Gaskammer als Folge eines bloßen Zufalls, einer einzigartigen Chance, die die Mutter geistesgegenwärtig zu ihrem Vorteil zu nutzen versteht. Auf dem Weg zu ihrer wöchentlichen Rommeerunde bei ihrer Schwester Martha wird Elsa Tábori im Sommer 1944 in ihrer Heimatstadt Budapest auf offener Straße von ungarischen Geheimpolizisten verhaftet, um nach Auschwitz deportiert zu werden. Die Inhaftierten werden vorübergehend in eine verlassene Ziegelei getrieben. Dabei wird Elsa Tábori eher widerwillig aus dem Gebäude in den Hof gedrängt, in der ein deutscher Offizier, sekundiert von drei ungarischen Soldaten, in die

13 Zitiert nach Peter von Becker, »Wie kompliziert war Elsa Tabori? Die Tabori-Gruppe der Münchner Kammerspiele zeigt *My Mother's Courage*«, in: *Theater heute* 20 (1979) H. 7, S. 36f., hier S. 37.

Akten der Verhafteten vertieft ist. Die unverhoffte Begegnung markiert den Wendepunkt der Ereignisse. Der Sohn preist seiner »Mutter Courage«, »als sie aus der Sicherheit der Nummern heraustrat, sich der Anonymität entzog« (S. 307) und auf den Offizier zuging.

Das Unwahrscheinliche geschieht: Der Mutter gelingt es, den deutschen Offizier davon zu überzeugen, sie sei irrtümlicherweise festgenommen worden. Ihre Notlüge – Elsa Tábori gibt vor, im Besitz eines Schutzpasses des Roten Kreuzes zu sein – hat Erfolg. Der Offizier erteilt ihr die Erlaubnis, nach Budapest zurückzukehren, wo sie sich sofort zu ihrer versäumten Rommeerunde bei ihrer Schwester begibt. Ein Augenblick entschied über ihr Leben – und damit zugleich auch über ihre Schuld. Später warnt die Mutter den Sohn:

»Hüte dich davor, deinem Feind in die Augen zu sehen, mein Schatz, es könnte sein, daß du aufhörst, ihn zu hassen, und somit die Toten verrätst. [...] dieser deutsche Offizier mit den aufrichtigen blauen Augen war wie ein Vater zu mir oder wie ein Sohn, da ist ja kein Unterschied, und doch hasse ich ihn dafür, daß ich ihn lieben muß, was ich ja tue. Schließlich haben er und seine Brüder meinen Cornelius verbrannt und meine Martha und achtzig andere von meinem Fleisch und Blut. Das kann ich ihnen nie verzeihen, oder Gott soll mich auf der Stelle erschlagen.«

George Tabori: Mutters Courage. Aus dem Engl. von Ursula Grützmacher-Tabori. In: G. T.: Theaterstücke I. Mit einem Vorw. von Peter von Becker, München/Wien: Hanser, 1994. S. 285–317, hier S. 312 (5. Szene). – © 1994 Carl Hanser Verlag, München – Wien.

Auch dramaturgisch ist *Mutters Courage* vom epischen Theater Brechts geprägt, wenngleich dem Stück der (marxistische) Lehrcharakter fehlt. Tabori teilt mit Brecht die

Abkehr vom Bühnenillusionismus und den Einsatz verfremdender Techniken. Die Erlebnisse der Mutter werden dem Zuschauer durch ein episches Ich – den »Sohn« – vermittelt, das zugleich als Spielleiter agiert, der die Modalitäten der Aufführung fixiert. Das Stück wechselt zwischen Erzählung, Dialog und Rollenspiel. Der Erzählerbericht wird von der Mutter ergänzt, korrigiert oder nachgespielt (unterstützt von weiteren Darstellern). Tabori reflektiert durch diese Verfahren ein Problem, das von Brechts Ausgangspunkt indessen ohne Bedeutung ist: das Problem der Authentizität der Erinnerung und der Legitimität ihrer Literarisierung. Im Spiel wird zur Sprache gebracht, dass die Abbildungen Fiktionen sind. Die Vermittlung persönlicher Erlebnisse und geschichtlicher Fakten beruht auf literarischen ›Konstruktionen‹, deren sich die Sprecher bewusst sein müssen, wenn sie verantwortungsvolle Aussagen über die Wirklichkeit machen wollen.

Nach dem Zusammenbruch des real existierenden Sozialismus stellt sich die Frage, ob Brecht noch aktuell sei, in neuer Weise. Einen vorläufigen Endpunkt in der dramatischen Rezeption markiert Dušan Jovanovićs (geb. 1939) *The Puzzle of Courage* (entst. 1995). Das Schauspiel mit dem beziehungsreichen Titel, das von dem scheiternden Versuch einer Schauspielertruppe handelt, im kriegsverheerten ehemaligen Jugoslawien *Mutter Courage* aufzuführen, ist eine Abrechnung mit dem Stück und der Theatertheorie Brechts. Bereits in der Dramaturgie zeigen sich auffällige Unterschiede: Die Fabel – für Brecht »das Herzstück der theatralischen Veranstaltung« (*Kleines Organon für das Theater*, Abschnitt 65; GBA 23,92) – ist in einzelne, nur teilweise an die Chronologie gebundene Episoden aufgelöst, die Dialoge werden von Rückblenden und metadramatischen Reflexionen unterbrochen, fiktive Figuren (aus Brechts Stück) beteiligen sich an der realen Handlung (der Darstellung). Der Theatertext entfernt sich von der dramatischen Repräsentation einer Geschichte und wird selbstreflexiv. »Theatre's the only place in the world where there isn't anything that's like life« heißt es gleich zu Beginn (Dušan Jovanović, »The Puzzle of Courage. A Play for the Theatre in Three Movements. Bravery, Fear, A Third Thing«, übers. von Lesley Wade Soule, in: *Contemporary Slovenian Drama*, hrsg. von Alja Predan, Ljubljana: Slovenian Writer's Association, 1997, S. 153–191, hier S. 156). »In so far as a dialogue with Brecht is maintained«, resümiert Peter Thomson seine Besprechung des Stücks, »it is a debate whose outcome is predetermined by Jovanović's desolate postmodernism. There is no political hope in ›The Puzzle of Courage‹ – no personal hope either – and Jovanović's bleak verdict seems to be that ›Mother Courage‹ can no longer speak to his society.« (Peter Thomson, *Brecht. Mother Courage and her Children*, with a Conclusion by Viv Gardner, Cambridge: Cambridge University Press, 1997, S. 168)

3. Zur Rezeption in der Literaturwissenschaft

Die wissenschaftliche Rezeption setzte im Anschluss an die Berliner Erstaufführung des Stücks und seine Veröffentlichung in der Reihe der *Versuche* ein. Angeregt durch die (ostdeutsche) Kritiker-Debatte über die neue Dramaturgie wurde zunächst die epische Struktur des Stücks untersucht. Starke Aufmerksamkeit erfuhren dabei die Songs. Weitere Themen der frühen Rezeption waren die Deutung der Titelfigur und die Stellung des Stücks im Strukturwandel des modernen Dramas.

Den Anstoß zu einer näheren Analyse der Songs gab ein Essay von Hans Mayer, der aus der Zusammenarbeit mit Brecht und dem Berliner Ensemble hervorging und der in den Band *Theaterarbeit* aufgenommen wurde. Der Autor fragt nach der »Verbindung von gedichteter Aussage und dramatischer Handlung« (S. 250). Als Beispiel wählt er aus der 9. Szene »Das Lied von den Anfechtungen großer Geister« (auch »Lied von Salomon« genannt), das auf den »Salomo-Song« aus der *Dreigroschenoper* zurückgeht (vgl. Anm. zu 93,15 *Lied von Salomon*).

»Erste unmittelbare Verbindung des Songs mit der szenischen Situation: Wer sich mit moralisch wertvollen Eigenschaften und Handlungen hervortut, kommt unter die Räder. Aber ist der Koch wirklich berechtigt, seine Moralität als Ursache seines Elends geltend zu machen? Besondere moralische Vorzüge haben wir an ihm nicht kennengelernt: man braucht nur die Flüche der Yvette im Gedächtnis zu haben. Außerdem hat der Koch eben noch im Vorschlag an die Courage, sie solle einfach die hilflose Tochter im Stiche lassen, alles andere als besondere Seelengröße entwickelt. Hört man ihn also die Anklage richten gegen die hohen Tugenden, so wirkt er selbst nicht gerade überzeugend. Auch war es nicht gerade seine exemplarische ›Gottesfurcht‹, wie wir wissen, die ihn so herunterkommen ließ. Das alles hat der Zuschauer bereits gesehen und kann sich damit über den Koch und seine ›Botschaft‹ einen höchst persönlichen Kommentar erlauben. Aber vielleicht spricht hier gar nicht der Koch zum Zuschauer, sondern der Dichter selbst? Es gehört zu den geläufigsten Mißverständnissen üblicher Literaturkritik, irgendwelche hervorstehenden Sentenzen, die von einer Figur im Drama oder Roman geäußert werden, nun ohne weiteres ›dem Dichter‹ zuzuschreiben. Geschieht das mit Berechtigung, so handelt es sich im allgemeinen um einen nicht sehr guten Dichter … Völlig absurd wäre es aber hier, in diesem Song nun gesammelte Lebensweisheiten von Bertolt Brecht zu erblicken. […] In einer Zusatzstrophe des ›Salomon-Song‹ in der ›Dreigroschenoper‹ hatte der Dichter auch vom ›wissensdurstigen Brecht‹ gesprochen, der so lange als Marxist nach den Ursachen der Ausbeutung fragte, bis man ihn aus dem Lande trieb. Der ›Wissensdurst‹ hatte ihn angeblich so weit gebracht. ›Beneidenswert, wer frei davon!‹ Der Zuschauer oder Leser aber ergänzt sogleich: Es ist nicht bekannt, daß sich Brechts ›Wissensdurst‹ durch die erzwungene Emigration beeinflussen ließ! Wenn angeblich der Dichter selbst vor dem Wissensdurst, unter Hinweis auf das eigene Schicksal, warnen will, so hat die Warnung bei ihm selbst wenig genutzt.

Abermals wird der Zuschauer zur dialektischen Gedankenarbeit gezwungen. Er wird davor gewarnt, die Lehren des Songs für bare Münze zu nehmen. Er soll sich gefälligst fragen, wie es denn wirklich zuging, daß Weisheit, Kühnheit und Wissensdurst zum Übel ausschlugen. Dem Koch kann der Zuschauer nicht trauen: der ist selbst seine beste Widerlegung. Dem Dichter kann er ohne weiteres auch nicht trauen: der hat sich offenbar ebensowenig an die Lehre gehalten: beneidenswert, wer frei davon. Und Mutter Courage? Es stimmt schon, daß ihre Kinder, die ja ausdrücklich im Titel des Stückes zusammen mit der Mutter genannt werden, alle an ihren besten Eigenschaften zugrunde gehen: Eilif an seiner Kühnheit, Schweizerkas an seiner Redlichkeit, die Stumme an ihren mütterlichen Gefühlen. Warnt die Courage also vor moralischen und noblen Entscheidungen? Keineswegs, denn in der gleichen Szene, mit welcher ›Das Lied von den Anfechtungen großer Geister‹ kontrapunktisch verbunden ist, erleben wir eine große und noble Handlung der Marketenderin Anna Fierling. Sie verzichtet auf die Versorgung an der Seite des Kochs und in Utrecht, wenn sie dabei die Tochter im Stich lassen muß. Die Mutterliebe gibt ihr ein Zeichen höchsten menschlichen Takts ein, damit die Tochter möglichst nicht merke, welch großes Opfer hier gebracht wurde.

Beim genaueren Nachdenken wird sich dem Zuschauer dieser Sinn der Szene mit Notwendigkeit erschließen. Der Song verkündet die Wertlosigkeit aller noblen Regungen im gleichen Augenblick, da sich eine wirklich noble Handlung vollzieht. Also ist es offenbar nicht die Schuld der Tugenden, wenn Menschen keinen Nutzen daraus ziehen. Also müssen es besondere gesellschaftliche Verhältnisse sein, die bei den Großen, und ganz besonders bei den kleinen Leuten, das Unheil herbeiführen. Es gibt keine ›an sich‹ schädlichen Tugenden. Und es ist vor allen Dingen viel bemerkenwerter, die großen menschlichen Heldentaten jener unbekannten kleinen Leute zu schildern, von denen im Lied und in der Geschichte so wenig die Rede zu sein pflegt. Während von Cäsar und Sokrates gesungen wird, erleben wir bei der historisch nahezu unbekannten ›Mutter Courage‹ bemerkenswerte Züge der Tapferkeit, Aufopferung und Herzenshöflichkeit. Diese Zusammenhänge aber muß der Zuschauer sich in eigenem Nachdenken erschließen. Dem Stückschreiber, so hat es Brecht formuliert, kommt es nicht darauf an, die Mutter Courage zu einer höchsten Stufe gesellschaftlicher Einsicht zu führen: der Zuschauer soll diese Bewußtseinsentwicklung durchmachen, nicht irgendeine Gestalt des Schauspiels. [...] Die Funktion des ›Liedes von den Anfechtungen großer Geister‹ in der ›Mutter Courage‹ erweist sich also als dramaturgisch notwendig, als notwendig für eine Dramaturgie, die klären und gesellschaftliche Vorgänge einsehbar machen will.«

Hans Mayer: Anmerkung zu einer Szene. In: Theaterarbeit. S. 249–253, hier S. 252f. – Mit Genehmigung des Suhrkamp Verlags, Frankfurt a. M.

Besonders häufig hat sich die Forschung mit der Figur der Courage auseinandergesetzt. Franz Norbert Mennemeier vergleicht sie mit Figuren aus früheren Stücken. Er bezweifelt, dass es Brecht gelungen sei, den Krieg als ein historisches und damit überwindbares gesellschaftliches Phänomen darzustellen.

»Die Figur der Mutter Courage [...] zeigt Brecht auf der Höhe seiner menschenbildenden Kunst. Das Grunderlebnis des jungen Brecht, bereits vor der im Jahre 1926 beginnenden Auseinandersetzung mit dem Marxismus überall greifbar, war die Nichtigkeit des von den biologischen und gesellschaftlichen Prozessen erdrückten Individuums gewesen. [...] Der spätere Brecht hat seinen Standpunkt, der jede um charakterologische Probleme kreisende Dramatik, auch die Tragödie als den Kampf zwischen Schicksal und Individuum von vornherein ausschloß, nicht aufgegeben; aber er hat ihn korrigiert. Im Exil schuf Brecht Gestalten von Fleisch und Blut, Figuren, die nicht länger der Umschlagsplatz soziologischer Kräfte, sondern lebendige, in Spruch und Widerspruch existierende Wesen sind. [...]

Die Courage ist eine komplexe Figur. [...] Für den Dichter ist die Courage die ›Händlerin-Mutter‹, ›ein großer lebender Widerspruch, der sie verunstaltete und deformierte bis zur Unkenntlichkeit‹. In der Szene auf dem Schlachtfeld ist sie ›wirklich die Hyäne‹. Es sind ›die Gegensätze in aller Abruptheit und Unversöhnlichkeit‹ in ihr vereint. [...] (›Mutter Courage in zweifacher Art dargestellt‹, 1951).

[...] Obwohl die Gier der Courage, inmitten der Auflösung ›ihren Schnitt‹ zu machen, den empfindsamen Betrachter abstößt, obwohl der von den ›Großkopfigen‹ entfesselte Glaubenskrieg in seiner kommerziellen Wirklichkeit mit angreifendem Schwung enthüllt wird, erlebt man das Geschehen der ›Courage‹ in erster Linie nicht als einen historischen Vorgang, ›einer historischen und vergänglichen Epoche‹ angehörend und mithin durch Tatkraft und List zu überwinden, wie Brecht meint, sondern als Darstellung des unmenschlich-unfühlenden Zustandes dieser Welt, gegen den es für den einzelnen keine Auflehnung gibt, – mag man im übrigen in einem stillen Winkel des Gemüts mit Brecht die Hoffnung nähren, Krieg und Zerstörung möchten eines wunderschönen Tages infolge pazifistischer Ummontierung des Menschengeschlechts zur ›Historie‹ zu zählen sein. Es scheint nicht ohne Bedeutung, daß die vielgeschmähten Anstifter der Katastrophe im Stück selbst dramatisch nicht anschaulich werden: als bloße Schemen tauchen sie in den Gesprächen auf, rhetorische, quasi volkstümliche Sündenböcke einer weltweiten Katastrophe, die die Schuldigen und die Unschuldigen, die Bösen und die Tugendhaften, die Dummen und die Klugen, die Zornigen und die Ergebenen mit derselben fürchterlichen Gelassenheit verschlingt.«

Franz Norbert Mennemeier: Brecht, *Mutter Courage und ihre Kinder.* In: Das deutsche Drama. Vom Barock bis zur Gegenwart. Interpretationen. Hrsg. von Benno von Wiese. Bd. 2. Düsseldorf: Bagel, 1964 ([1]1958). S. 386–405, hier S. 391–393. – © August Bagel Verlag, Düsseldorf.

Albrecht Schöne analysiert den »eigentümlich *deiktischen* Charakter der dramatischen Gestaltung, von dem her der geläufige Begriff eines ›epischen Theaters‹ für Brechts Dramen wohl am ehesten zu rechtfertigen wäre.« (S. 275) Die »deiktische Struktur« fordere das Urteil des Zuschauers heraus. »Er ist die richtende Instanz.« (S. 281) Doch sei es dem Autor

»nicht gleichgültig, wie dieses Urteil lautet; deshalb bleibt es auch nicht bei einem (im Sinne des Unparteilichen) objektiven Zeigen, handelt es sich bei dem Schauspieler, den der Regisseur Brecht erzieht, nicht um einen neutralen Zeugen. ›Da er sich mit der Person, die er darstellt, nicht identifiziert‹, lautet die entsprechende Anweisung, ›kann er ihr gegenüber einen bestimmten Standpunkt wählen, seine Meinung über sie verraten.‹ Ja, er soll das! Einen schurkischen Ausbeuter darstellend, soll er in seiner Darstellung auch den eigenen Vorbehalt und Widerspruch spürbar machen. Brecht hat in seiner Regiearbeit eine ganze Reihe von technischen Kniffen aufgenommen und entwickelt, die solch schwieriges Balancespiel ermöglichen sollen. Der Schauspieler hat dem eigenen Spiel gleichsam zuzusehen [...], eine in der Rolle festgelegte Bewegung beispielsweise mit betonter Langsamkeit auszuführen, seinem Text einen komischen Akzent, seiner Gestik eine besondere Eleganz zu verleihen usf. Das alles läuft, genau besehen, hinaus auf eine Art von Parodie – indem nämlich das Parodierte in der Parodie selbst mitgeliefert, die in der Rolle vorgeschriebene, ›richtige‹ Bewegung in der übertriebenen, verlangsamten usw. sichtbar gemacht wird. Die agierende Figur, solchen Widerspruch in sich verkörpernd, verfremdet sich damit in sich selbst.

Auch dieser Vorgang bezeichnet Brechts Drama nicht weniger als seine Theorie des Schauspiels. [...] für die ›Mutter Courage‹ erscheint es als durchgehender Stilzug, daß die dramatische Figur einen verurteilenswerten (und vom Autor durchaus verurteilten) Standpunkt in so massierter, so übersteigerter Form vertritt, daß es fragwürdig wird, ob sie selbst ihn überhaupt noch teile. Um die Geschlossenheit, die innere Einheit der Figur zu retten, müßte man das als ironisches Sprechen deuten. Gerade das aber wäre ein grundsätzliches Mißverständnis. Denn tatsächlich ist die hier jeweils vertretene Ansicht durchaus die des Feldwebels, der Mutter Courage usf. Aber die dramatische Figur teilt sich kraft des parodierenden Sprechens in diese eigentliche Haltung und Ansicht der Figur und in die ihr entgegengesetzte. Sie sagt (expressis verbis): nur der Krieg schafft Ordnung, die Polen sind des Friedensbruches schuldig – und gleichzeitig (impressis verbis) das Gegenteil dieser Ansichten. Mit ihrer ersten Aussage provoziert sie den Widerspruch des Zuschauers, den sie zugleich aus sich selbst heraus entwickelt und mit ihrer zweiten unausgesprochenen Aussage vorwegnimmt. ›Dies für Kenner der Dialektik‹, wie Brecht bei entsprechender Gelegenheit zu sagen pflegte.«

Albrecht Schöne: Bertolt Brecht, Theatertheorie und dramatische Dichtung. In: Euphorion 52 (1958) H. 3. S. 272–296, hier S. 281–283. – Mit Genehmigung von Albrecht Schöne, Göttingen.

Reinhold Grimm unternimmt den Versuch, *Mutter Courage* historisch und typologisch im Strukturwandel des modernen Dramas zu verorten, und zwar im Übergang von der traditionellen Handlungspyramide, wie sie Gustav Freytag in seinem einflussreichen Handbuch *Die Technik des Dramas* (1863) als wesentliches Baugesetz des Dramas behauptet hatte, zur kreisförmigen Dramenstruktur, wie sie besonders deutlich in Arthur Schnitzlers *Reigen* (1900) ausgeprägt ist. Beispielhaft analysiert Grimm die 3. Szene:

»Das tragische Spiel um Schweizerkas wird folgendermaßen angekündigt: ›Weitere drei Jahre später gerät Mutter Courage mit Teilen eines finnischen Regiments in die Gefangenschaft. Ihre Tochter ist zu retten, ebenso ihr Planwagen, aber ihr redlicher Sohn stirbt.‹ Die Marketenderin befindet sich auf einem ersten Höhepunkt ihrer Laufbahn. Ihr Handel blüht; ihr redlicher Sohn Schweizerkas ist Zahlmeister geworden und verwaltet die Regimentskasse. Dies und noch vieles andere wird ausführlich dargelegt. Plötzlich hört man Kanonendonner und Schüsse. Entsetzte Rufe: ›Die Katholischen!‹ Sie haben das Lager überfallen, nehmen es im Handstreich und machen Mutter Courage und ihre Kinder zu Gefangenen. Die gerissene Händlerin versteht es zwar sofort, selbst in solcher Lage sich vorteilhaft einzurichten. ›Wir sind gefangen‹, erklärt sie gleichmütig, ›aber so wie die Laus im Pelz.‹ Ihr redlicher Sohn jedoch ist nicht nur auf seine eigene Rettung bedacht, sondern will auch die ihm anvertraute Kasse retten. Er versteckt sie zunächst im Wagen. Drei Tage lang geht alles gut. Doch allmählich kommen Schweizerkas Bedenken. Muß er das Geld nicht wegschaffen? einmal, weil es eine ständige Gefahr für ihn, seine Mutter und seine Schwester bedeutet, und zum andern, weil es beim Regiment für die Auszahlung des Solds gebraucht wird? Er faßt seinen Entschluß: ›Ich gebs in das Maulwurfsloch am Fluß, bis ichs abhol. Ich hol sie vielleicht schon heut nacht gegen Morgen zu ab und bring sie zum Regiment.‹ Wie nicht anders zu erwarten, wird Schweizerkas beobachtet und festgenommen. Die gesuchte Schatulle freilich bleibt dem Zugriff des Feindes entzogen: sie liegt unauffindbar im Fluß, wohin Schweizerkas sie in höchster Not geschleudert hat. Aber desto schlimmer. Denn nun wird der redliche Zahlmeister erst recht zum Tode verurteilt, und seine Mutter, die im Vertrauen auf das versteckte Geld ihren Wagen verpfänden und mit dem Erlös Schweizerkas freikaufen wollte, sieht sich vor die bange Entscheidung zwischen dem Leben ihres Sohnes und der Lebensgrundlage für ihre ganze Familie gestellt. Die Courage handelt verzweifelt, aber – zu lange. Schweizerkas wird erschossen.

Der pyramidale Bau des Dramoletts ist unverkennbar: Einleitung, erregendes Moment, steigende Handlung, Höhepunkt und Umkehr, fallende Handlung, Katastrophe. Nicht einmal das Moment der letzten Spannung fehlt (die Konfrontation mit dem toten Schweizerkas). Ähnliches ließe sich für die meisten übrigen Szenen nachweisen; so namentlich für die berühmte Trommelszene am Schluß, in der sich das Schicksal der stummen Kattrin vollendet. Sie alle enthalten Handlungsverläufe für sich, die selbständig steigen und fallen und durch mehr oder minder scharfe Einschnitte von den benachbarten Szeneneinheiten getrennt sind. Die Reihung dieser begrenzten, locker miteinander verknüpften Gebilde ergibt die dramatische Chronik. Sie allein bestimmen die Struktur des Werkes, dessen übergreifender Zusammenhang nur noch durch die Einheit der Personen und ihres anonymen Gegenspielers gewahrt wird. ›Mutter Courage und ihre Kinder; eine Chronik aus dem Dreißigjährigen Krieg‹. Die Mutter überlebt, die Kinder sterben. Zieht nicht jedes von ihnen ein schwarzes Kreuz aus dem Helm, als ihnen die Courage zu Beginn des Stückes das Los schlägt? Der fromme Betrug geht auf unheimliche Weise in Erfüllung. So spannt sich hier noch einmal ein geschlossener Bogen über das ganze Stück. Die eigentliche Handlung freilich vollzieht sich weit darunter: ›in [einzelnen] Kurven‹, wie Brecht schrieb. Die Umrisse der großen Pyramide sind wohl noch zu ahnen, aber fern, wie im Dunst oder Nebel; was klar hervortritt, ist eine Reihe kleinerer Pyramiden von mäßiger Höhe und ungleichem Bau.«

Reinhold Grimm: Pyramide und Karussell. In: R. G.: Strukturen. Essays zur deutschen Literatur. Göttingen 1963. S. 8–43. Zit. nach: Beiträge zur Poetik des Dramas. Hrsg. von Werner Keller. Darmstadt: Wissenschaftliche Buchgesellschaft, 1976. S. 352–382, hier S. 366f. – Mit Genehmigung von Reinhold Grimm, Riverside (Kalifornien).

Sinnfällig werde Brechts Dramaturgie in der Bewegung des Planwagens: »er rollt im Kreis. Brecht, Stückeschreiber und Regisseur in einer Person, stellt also gewissermaßen das Karussell auf die Bühne. Damit erweist sich jedoch das Technikum der Drehbühne für ›Mutter Courage und ihre Kinder‹ als adäquater Ausdruck der vollen Kreisstruktur, zu der [...] dieses Stück drängt.« »Ein Geschehen kreist also um einen Mittelpunkt. Bei [...] Brecht ›dreht es sich‹ um den Krieg. [...] Die Dramaturgie der Pyramide weicht der Dramaturgie des Kreises, wobei der Zerfall der einen Struktur sich als heimlicher Aufbau der anderen enthüllt.« (Ebd., S. 370)

Auch Helmut Jendreiek beschäftigt sich mit der Dramaturgie des Stücks.

»Epische Montagetechniken prägen die Struktur der ›Courage‹. Das bipolare oder ›stereometrische‹ Strukturprinzip ist konsequent durchgehalten und schafft eine Zeitschichtung und Raumausweitung, durch die Brecht die Möglichkeit gewinnt, den Krieg als historisch-soziales Phänomen in den Dimensionen des Dramas abzubilden.

Die Wirklichkeit wird nicht allein gestisch-personal auf der Bühne vertreten, sie wird in ihren geschichtlichen und gesellschaftlichen Zusammenhängen durch epische Mittel dramaturgisch erfaßt und als Bühnenwirklichkeit vergegenwärtigt. Der ›Stückeschreiber‹ ist allgegenwärtig als Episches Ich, das zu jeder Zeit in das Handlungsgefüge eingreifen und es umstellen kann.
Durchgängig sind drei Gestaltungsprinzipien angewandt: 1. Einleitung der einzelnen Szenen durch Projizierte Titel: sie greifen als knappe Ankündigungen des Inhalts auf das szenisch folgende Geschehen voraus, heben die Spannung auf und entspannen dadurch den Zuschauer, schaffen zwischen ihm und dem Vorgang die Distanz, die eine kritische Beobachtung des Geschehens ermöglicht, verbinden die Bühnenwirklichkeit mit ihrem geschichtlichen Hintergrund und ordnen die Ereignisse in die großen geschichtlichen Zusammenhänge ein; 2. szenische Entfaltung des dramatischen Vorgangs; 3. Songs, die kommentarisch das Stückgeschehen auf seinen historisch-gesellschaftlichen Gehalt hin interpretieren und durch Unterbrechung der Handlung desillusionierend wirken, um die kritisch-revolutionäre Bewußtseinsbildung des Zuschauers einzuleiten.
In den Projizierten Titeln und Songs wird die Wirksamkeit des Epischen Ich vernehmbar. Sie setzen ein geschichtliches und philosophisches Wissen voraus, über das die personae dramatis innerhalb des Stückgeschehens nicht verfügen können. Sie formen sich aus der Überschau des Epischen Ich über das Stückganze und aus dem Wissen um seinen Ort innerhalb der historischen und gesellschaftlichen Welt, errichten über der Ebene des dramatischen Vorgangs die Ebene der Reflexion und sichern dem Drama durch epische Montage die Darstellungsfülle und -weite des eigentlich Epischen.«

Helmut Jendreiek: Bertolt Brecht. Drama der Veränderung. Düsseldorf: Bagel, 1969. S. 198f. – © August Bagel Verlag, Düsseldorf.

Jan Knopf arbeitet die »zeitgenössisch-politischen Anspielungen« des Stücks heraus. »Bei einem Drama wie der *Courage*, das weitgehend ›enthistorisierend‹, als allgemein-menschlicher Fall, gedeutet worden ist«, sei es nicht unwichtig, diese Beziehungen zu betonen. Besondere Aufmerksamkeit schenkt Knopf den Familienverhältnissen.

»Der bunt gemischte Haufen, der sich in der 1. Szene vorstellt [...], ist gegen die Hitlersche Rassenpolitik gewendet: die Courage, überall herumgekommen, hat ihre Kinder von verschiedenen Männern, wobei zugleich die Väter, die die Kinder dann auch kennenlernen, durchaus nicht die leiblichen Väter sein müssen, dennoch aber nach ihnen ›geraten‹; dieses Durcheinander, das den Werbern merkwürdig vorkommt, ist für die Courage ›natürlich‹: nicht die biologische, die ›rassische‹ Vererbung, sondern die soziale ist für diese Familie entscheidend. Zugleich stehen die Kinder für ›Völker›, je nach Vater oder Ziehvater, ein: [...] Eilif steht für das kühne, autonome, sich auf sich selbst verlassende Finnland, das 1939 sowohl zu Deutschland als auch zur Sowjetunion auf Distanz ging in der Hoffnung, sich ›heraushalten‹ zu können; Schweizerkas steht für den ›Schweizer Käse‹, die Nation der händlerischen Bauern und ihre berühmte Neutralität [...]; und Kattrin für den halbierten Deutschen, der zur Stummheit verurteilt ist, dessen ›andere Hälfte‹, die unterdrückte sozialistische zu reden beginnt [...].«

Jan Knopf: Brecht-Handbuch Theater. Eine Ästhetik der Widersprüche. Stuttgart: Metzler, 1980. S. 184. – Mit Genehmigung von Jan Knopf, Karlsruhe.

Des Weiteren untersucht Knopf die Dramaturgie. »›Mutter Courage und ihre Kinder‹ ist eines der epischen Musterdramen im Werk Brechts, das auf exemplarische Weise die neuen Darstellungsmittel verwendet« (S. 190). Zu den wichtigsten zählt Knopf – außer dem ›Titularium‹, den

»Songs« und den »Umwertungen der Sprache« (vgl. Anm. zu 59,3) – die »offene Form« und die »Doppelszenen«:

»*Offene Form:* das ›Courage‹-Drama ist nicht nach dem Muster der aristotelischen Tragödie gebaut (Exposition – Peripetie: Höhepunkt, Umschlag – Katastrophe); es ist weder zeitlich noch handlungsmäßig gestrafft, auf ›prägnante‹ dramatische Situationen geschürzt: es fährt vielmehr dahin wie der Planwagen, das Symbol des Ablaufs. Es gibt keinen eigentlichen Beginn und kein eigentliches Ende; die Handlung beginnt inmitten der ›Chronik‹ (nicht am Beginn des Kriegs), und es endet vor dem Ende der ›Chronik‹; sie ›erscheint wie willkürliches Eintauchen in den Fluß eines unübersehbar weiträumigen Geschehens‹ [Walter Hinck]. Die Öffnung geschieht vor allem zur Zukunft hin: obwohl die ›Chronik‹ ›aus dem Dreißigjährigen Krieg‹ stammt, postuliert das Lied am Ende – wie auch das Titularium ›Der Krieg ist noch lange nicht zu Ende‹ – einen ›hundertjährigen Krieg‹. Die Handlung ist fortsetzbar und für den Zuschauer in doppelter Weise ›historisierend‹ rezipierbar: der Krieg, den das Drama schildert, setzt sich fort, solange seine Gesetze herrschen – der zeitgenössische Krieg zeigt, daß die Gesetze noch herrschen, und er spiegelt sich im historischen wider (dazu gehören auch die zeitgenössisch-politischen Anspielungen). Offen ist das Drama auch im Hinblick auf die Hauptperson: ihr Schicksal wird nicht zu Ende erzählt; am Ende steht vielmehr symbolhaft ihre Illusion, es gäbe noch Hoffnung. Sie weiß nicht, was der Zuschauer weiß, daß ihr kühner Sohn Eilif tot ist. Diese Offenheit des Schlusses gibt in Aufnahme und Umwertung der ›tragischen Ironie‹ (die Tragik, die der Zuschauer, aber nicht der Held sieht, [die] insofern für jenen ›ironisch‹ ist) diese Ironie an den Zuschauer und seine Wirklichkeit weiter: ihn ereilt die dargestellte Ironie der Geschichte, wenn *er* nicht sieht.

Doppelszenen: in der ›Courage‹ gibt es zwei Szenen (2. und 3.), in denen sich auf der Bühne eine doppelte Handlung abspielt: Courage mit Koch neben dem Zelt, in dem der Feldhauptmann mit Eilif ist; Kattrin führt ihre Pantomime mit den Sachen der Yvette auf, während die Courage mit Feldprediger und Koch hinter dem Planwagen debattiert. Inhaltlich relativieren sich beide Handlungen gegenseitig und zeigen zugleich ihre Zusammengehörigkeit; vom Zuschauer aus gesehen, wirken sie wie der Schluß des Dramas: er sieht mehr, als die Personen zu sehen vermögen. Brecht versucht, dem Zuschauer sein Sehen – gegenüber der Blindheit der Personen – bewußt zu machen. Diese Dopplungen sind – wahrscheinlich – den simultanen Filmexperimenten des Expressionismus verpflichtet: die Möglichkeit der ›Überblendung‹ wird für das Theater genutzt: zwei gleichzeitige Handlungen laufen auch – sichtbar – auf der Bühne gleichzeitig ab. – Dafür werden auch alte theatralische Mittel, die ›Teichoskopie‹, nämlich die Mauerschau auf für den Zuschauer verdecktes Geschehen, nutzbar gemacht (6. Szene): im Hintergrund zelebriert man Tillys Beerdigung,. von der der Feldprediger berichtet, im Vordergrund zählt die Courage ihre Socken: die Weihe der großen Ereignisse ist komisch gebrochen (›Schad um den Feldhauptmann – zweiundzwanzig Paar von die Socken –, daß er gefalln ist‹). Die Abhängigkeit der ›kleinen Leute‹ vom ›großen‹ Geschehen ist zugleich sichtbar bzw. hörbar gemacht. Diese zweite Art der Doppelszenerie prägt außerdem die 11. Szene im Bauernhof: die Aufmerksamkeit des Zuschauers gilt dem unsichtbaren Schauplatz der Stadt Halle. Gerade diese Szene, die die Schlafenden aufrütteln will, deutet die Relevanz der Doppelszenerie für den Zauschauer an: auch er soll sehen, was ›unsichtbar‹ zu sein scheint, auch er soll aufwachen und die Doppelszenerie seiner Wirklichkeit erkennen.«

Ebd., S. 191 f.

Aus feministischer Perspektive nähert sich Pia Kleber den weiblichen Gestalten des Stücks. In einem Aufsatz, der den Mutterbildern in Brechts dramatischem Werk gewidmet ist, versucht sie zu zeigen, dass die »Mütter« des Autors »durchweg nicht bloß Repräsentationen konservativer Weiblichkeitsbilder sind«, wie einige Kritiker gemeint hätten, »sondern höchst widersprüchlich angelegte Personen, die keineswegs in ihren biologischen Funktionen aufgehen« (S. 130). Am Ende kommt sie zu dem Ergebnis, dass Brecht »den Weg bereitet [habe], der zur Erfüllung des feministischen Traums« führe, des Traums, wie es Gayle Rubin ausdrücke, »von der Eliminierung obligatorischer Sexualität und sexueller Rollen«, »von einer androgynen und geschlechtslosen (aber nicht unsexuellen) Gesellschaft, in der die sexuelle Anatomie dafür irrelevant ist, wer man ist, was man tut, und mit wem man sich sexuell liebt« (S. 144). Brechts Mütter demonstrierten »alle die nötige Courage, um diesen Traum zu verwirklichen.« (ebd.)
In *Mutter Courage* bediene sich Brecht zweier weiblicher Gestalten – der Mutter Courage und ihrer Tochter Kattrin – um »die Komplexität einer Mutter« zu demonstrieren (S. 137). Mit der Figur der Courage kritisiere Brecht

»nicht die Mutter, die ihre Kinder vernachlässigt, sondern ein gesellschaftliches System, das den Menschen zu polaritären Verhaltensweisen zwingt und ihn damit in unlösbare Widersprüche verstrickt. Das hat auch Janelle Reinelt betont. Gestalten wie die Mutter Courage sind ›Stätten eines ideologischen Kampfes von konkurrierenden sozialen Praxen [...], die sich nicht in vereinigte Subjektivität auflösen mögen, die aber Orte für dialektischen Wandel bereitstellen‹. Brecht zerstört mit der Couragefigur das Klischee der Märtyrermutter, indem er demonstriert, wie die ›Hyäne des Schlachtfelds‹ – so nennt sie der Feldprediger – ein Kind nach dem anderen verliert.

Dieses neue Mutterbild der Courage wird komplementiert von ihrer stummen Tochter Kattrin, die Brecht mit allen Charakteristiken ausstattet, die zu einer traditionellen Mutter gehören. Sie hat ein gutes Herz und ergibt sich ihrem Schicksal passiv, bis zu dem Augenblick, wenn ihr ›Mutterinstinkt‹ geweckt wird. [...]
Eine feministische Interpretation von Kattrins Leben und Sterben muß an Brecht kritisieren, daß die große politische Tat, die Rettung einer ganzen Stadt, nur durch das persönliche Opfer Kattrins möglich war. Die Hilfloseste kann nur helfen, indem sie vernichtet wird. Darin unterscheidet sich Brecht nicht von dem traditionellen didaktischen Postulat, nach dem ›die Frau das Opfer sein muß, das die Gesellschaft erlöst‹, wie Bryant-Bertail es ausdrückt. Doch darf bei aller Kritik nicht übersehen werden: Brecht stattet nicht die biologische Mutter Courage mit typischen Mutterzügen aus, sondern deren Tochter Kattrin. Insofern widerlegt er das von Psychoanalytikern, Gynäkologen, Naturwissenschaftlern, Physiologen und Psychologen immer wieder hervorgebrachte Argument, daß es für Mütter natürlich sei, die Mutterrolle zu übernehmen. [...]
Mit der Zertrümmerung eines Klischees und der Entbiologisierung der Mutter ist unser Thema aber noch nicht abgeschlossen. Brecht wirft auch ein neues Licht auf die ›wesentliche, entstellte, mißbrauchte‹ Mutter-Tochter-Beziehung, wie Adrienne Rich es formuliert, jene ›große ungeschriebene Geschichte‹. Brecht kommt den heutigen feministischen Recherchen hinsichtlich dieses Problems erstaunlich nahe.
Sarah Bryant-Bertail analysiert, wie die Courage, im Namen der schützenden Fürsorge erlaubt, daß Kattrin verunstaltet, sexuell frustriert, einsam und kinderlos ist. Kattrin wird trotz Warnung allein in die Stadt geschickt, um teure Waren für die Mutter abzuholen, und kommt mit einer ihr Gesicht entstellenden Wunde zurück. Aus Brechts

Anmerkungen zu dem Stück erfahren wir, daß sich unter diesen Waren auch die Trommel befand, mit der Kattrin später die Stadt Halle rettet und die sie gegen die marodierenden Landsknechte hartnäckig verteidigen mußte. Kattrin wußte genau, welchen Wert ihre Mutter darauf legte, daß sie die Waren heil nach Hause brachte. Um sie zu trösten, gibt ihr die Courage die roten Stiefel der Lagerhure Yvette, die sich Kattrin sehnlich gewünscht hat, um attraktiv zu sein. Doch es ist zu spät: ›Kattrin läßt die Schuhe stehen und kriecht in den Wagen‹, schreibt Brecht in den Regieanweisungen. Die Wunde in ihrem Gesicht verringert Kattrins Chancen, einen Mann zu finden und Kinder zu bekommen. Bryant-Bertail sieht Kattrins einzigen Ausweg in dem ›Weg des Märtyrers‹, denn auch sie hat am Anfang des Stücks wie ihre Brüder ein Todeskreuz gezogen in Mutter Courages Verlosung. ›Wie jemand mit dem Auftrag, das Fleisch des Märtyrers erneut zu demütigen‹ – schreibt Bryant-Bertail – ›verfolgt Mutter Courage sie mit übertriebener Besorgnis‹. Sie schmiert Asche in Kattrins Gesicht. Kurz darauf, als die Tochter von der ihren Bruder bedrohenden Gefahr erzählen will, erniedrigt sie die Courage wegen ihres Handicaps: ›Erzähls ordentlich, Kattrin … Laß dir Zeit und quatsch nicht, nimm die Händ, ich mag nicht, wenn du wie ein Hund jaulst, was soll der Feldprediger denken? Dem grau[s]ts doch.‹
Brecht hat gewagt, die ›heilige[n]‹ Bande zwischen Mutter und Tochter anzutasten.«

Pia Kleber: Die Courage der Mütter. Am Beispiel von Bertolt Brecht. In: Verklärt, verkitscht, vergessen. Die Mutter als ästhetische Figur. Hrsg. von Renate Möhrmann. Stuttgart/Weimar: Metzler, 1996. S. 130–144, hier S. 138–141. – Mit Genehmigung von Pia Kleber, Toronto (Kanada).

VIII. Literaturhinweise

1. Ausgaben

Mutter Courage und ihre Kinder. Eine Chronik aus dem dreissigjährigen Krieg. [Bühnenmanuskript.] Basel: Theaterverlag Kurt Reiss, [1941]. [Masch. vervielf.]

Mother Courage. Übers. von H[offman] R[eynolds] Hays. In: New Directions in Prose and Poetry (New York) 6 (1941) S. 1–80.

Mutter Courage und ihre Kinder. Eine Chronik aus dem dreißigjährigen Krieg. [Bühnenmanuskript.] Berlin-Zehlendorf-West: Suhrkamp, [1947]. [Masch. vervielf.]

Mutter Courage und ihre Kinder. Eine Chronik aus dem dreissigjährigen Krieg. [Bühnenmanuskript.] Basel: Theaterverlag Kurt Reiss, [1948]. [Masch. vervielf.]

Bertolt Brecht / Paul Dessau: 7 Lieder zu *Mutter Courage und ihre Kinder*. Berlin: Verlag »Lied der Zeit«, 1948.

Mutter Courage und ihre Kinder. Eine Chronik aus dem Dreißigjährigen Krieg. In: Versuche. H. 9. (Versuche. 20/21.) Berlin / Frankfurt a. M.: Suhrkamp, vorm. S. Fischer, 1949. S. 7–78. Anmerkung S. 79–82. – 2. Auflage. Ebd.: Suhrkamp, 1950. S. 7–80. Anmerkungen S. 81–83. [= 20. Versuch.]

Mutter Courage und ihre Kinder. Eine Chronik aus dem Dreißigjährigen Krieg. In: Stücke. Bd. 7. Stücke aus dem Exil. Bd. 2. Berlin / Frankfurt a. M.: Suhrkamp; Berlin [DDR]: Aufbau-Verlag, 1957. (Stücke in 12 Bänden. Red.: Elisabeth Hauptmann.) S. 61–204 (Anmerkungen S. 205–211) bzw. S. 61–200 (Anmerkungen S. 201–207).

Couragemodell 1949. Mutter Courage und ihre Kinder. Text. Aufführung. Anmerkungen. Hrsg. von der Deutschen Akademie der Künste. 3 Hefte in einer Mappe. Berlin [DDR]: Henschelverlag, 1958. (Ruth Berlau: Modellbücher des Berliner Ensemble. 3.)

Mutter Courage und ihre Kinder. Eine Chronik aus dem Dreißigjährigen Krieg. Frankfurt a. M.: Suhrkamp, 1963. (edition suhrkamp. 49.) [Ab der 5. Auflage 1965 mit veränderter Seitenzählung.]

Mutter Courage und ihre Kinder. Eine Chronik aus dem Dreißigjährigen Krieg. In: Gesammelte Werke. Bd. 4. Stücke 4. Frankfurt a. M.: Suhrkamp, 1967. (Gesammelte Werke in 20 Bänden. Hrsg. vom Suhrkamp Verlag in Zsarb. mit Elisabeth Hauptmann. Werkausgabe edition suhrkamp.) S. 1347–1438 (Anmerkungen S. 1439–43).

Mutter Courage und ihre Kinder. Eine Chronik aus dem Dreißigjährigen Krieg. Bühnenfassung des Berliner Ensembles. Red. von Joachim Tenschert. Berlin [DDR]: Henschelverlag, 1968.

Mutter Courage und ihre Kinder. Historisch-kritische Ausgabe von Jan Esper Olsson. Lund: Liber Läromedel; Frankfurt a. M.: Suhrkamp, 1981. [Zit. als: Olsson, 1981.]

Mutter Courage und ihre Kinder. Eine Chronik aus dem Dreißigjährigen Krieg. In: Stücke 6. Bearbeitet von Klaus-Detlef Müller. Berlin/Weimar: Aufbau-Verlag; Frankfurt a. M.: Suhrkamp, 1989. (Werke. Große kommentierte Berliner und Frankfurter Ausgabe. Hrsg. von Werner Hecht, Jan Knopf, Werner Mittenzwei, Klaus-Detlef Müller. 30 Bände und ein Registerband. Bd. 6.) S. 7–86 (Kommentar S. 377–409). [Zit. als: GBA.]

Mutter Courage und ihre Kinder. Eine Chronik aus dem Dreißigjährigen Krieg. Mit einem Komm. von Wolfgang Jeske. Frankfurt a. M.: Suhrkamp, 1999. (Suhrkamp BasisBibliothek. 11.)

2. Bibliographien und Forschungsberichte

Berg, Günter / Jeske, Wolfgang: Bertolt Brecht. Stuttgart, Weimar 1998. (Sammlung Metzler. 310.)

Bertolt-Brecht-Archiv. Bestandsverzeichnis des literarischen Nachlasses. Bearb. von Herta Ramthun. Bd. 1–4. Berlin/Weimar 1969–1973. [Zit. als: BBA.]

Bohnert, Christiane: Auswahlbibliographie zu Bertolt Brecht und seinem dramatischen Werk. In: Walter Hinderer (Hrsg.): Brechts Dramen. Neue Interpretationen. Stuttgart 1984. S. 405–445.

Führer, Ulrike / Vogt, Jochen: Bibliographie zu Bertolt Brecht. Unter Mitarb. von Heike Schupetta. In: Kritisches Lexikon zur deutschsprachigen Gegenwartsliteratur. 47. Nachlieferung. 1994.

Grimm, Reinhold: Bertolt Brecht. 3., völlig neubearb. Aufl. Stuttgart 1971. ([1]1961). (Sammlung Metzler. 4.)

Schöttker, Detlev: Kommentierte Auswahlbibliographie zu Brecht. In: Der Deutschunterricht 46 (1994) H. 6. S. 81–86.

Seidel, Gerhard: Bibliographie Bertolt Brecht. Unter Mitarb. von Gisela Kuntze. Titelverzeichnis. Bd. 1. Deutschsprachige Veröffentlichungen aus den Jahren 1913–1972. Werke von Brecht. Sammlungen, Dramatik. Berlin/Weimar 1975.

Völker, Klaus: Verzeichnis sämtlicher Stücke, Bearbeitungen und Fragmente zu Stücken von Bertolt Brecht. In: Bertolt Brecht II. Hrsg. von Heinz Ludwig Arnold. 2. rev. Aufl. München 1979. (Sonderband aus der Reihe »Text und Kritik«.) S. 210–225.

Würmann, Carsten: Bertolt Brecht-Bibliographie 1970–1998. In: Walter Delabar / Jörg Döring (Hrsg.): Bertolt Brecht (1898–1956). Berlin 1998. S. 387–428. [Verzeichnet Bibliographien, Monographien und Sammelbände zu Leben und Werk Brechts von 1970 bis März 1998.]

3. Zur Biographie

Bentley, Eric: Erinnerungen an Brecht. Dt. von Petra Schreyer. Berlin 1995. (Engl. Orig.-Ausg.: New York 1985.)

Bertolt Brecht in Dänemark. Stationen, Aufenthalte, Werke, Freundschaften. Hrsg. vom Brecht-Zentrum der DDR, Berlin, in Zusammenarbeit mit der Stadt Svendborg. Berlin [DDR] 1984.

Frisch, Werner / Obermeier, K. W.: Brecht in Augsburg. Erinnerungen, Dokumente, Fotos. Berlin ^{2}1998. (^{1}1975.)

Fuegi, John: Brecht & Co. Biographie. Autoris. erw. und bericht. dt. Fass. von Sebastian Wohlfeil. Hamburg 1997.

Greid, Hermann: Der Mensch Brecht, wie ich ihn erlebt habe. Stockholm 1974. (Stockholmer Koordinationsstelle zur Erforschung der deutschsprachigen Exil-Literatur. 10.)

Hecht, Werner: Brecht Chronik 1898–1956. Frankfurt a. M. 1997.

– (Hrsg.): Brecht im Gespräch. Diskussionen und Dialoge. Berlin [DDR] 1977.

– Helene Weigel. Eine große Frau des 20. Jahrhunderts. Vorw. von Siegfried Unseld. Frankfurt a. M. 2000.

Kebir, Sabine: Abstieg in den Ruhm. Helene Weigel. Eine Biographie. Berlin 2000.

Lindtberg, Leopold: Persönliche Erinnerungen an Bertolt Brecht. In: L. L.: Reden und Aufsätze. Hrsg. von Christian Jauslin. Zürich / Freiburg i. Br. 1972. S. 120–124.

Martner, Fredrik: Stykkeskriveren Bert Brecht – de mørke tiders digter. [Kopenhagen 1968.]
Mayer, Hans: Erinnerung an Brecht. Frankfurt a. M. 1996. [Zu *Mutter Courage*: S. 53–55).
Mittenzwei, Werner: Das Leben des Bertolt Brecht oder Umgang mit den Welträtseln. 2 Bde. Berlin 1997. (1. Aufl. Berlin/Weimar 1986.]
Weigel, Helene: »Wir sind zu berühmt, um überall hinzugehen«. Briefwechsel 1935–1971. Hrsg. von Stefan Mahlke. Berlin 2000.

4. Materialien

Hecht, Werner (Hrsg.): Materialien zu Brechts *Mutter Courage und ihre Kinder*. Frankfurt a. M. ^{7}1971. (^{1}1964.) [Verzeichnet die Inszenierungen von 1941 bis 1966 (S. 169–183) und Rezensionen zu den Inszenierungen in Berlin (1949), München (1950) und Göttingen (1956).]
Müller, Klaus-Detlef (Hrsg.): Brechts *Mutter Courage und ihre Kinder*. Frankfurt a. M. 1982.
Naumann, Uwe (Hrsg.): Materialien. Bertolt Brecht, *Mutter Courage und ihre Kinder*. Stuttgart [u. a.] ^{5}1998. (^{1}1984.)
Theaterarbeit. 6 Aufführungen des Berliner Ensembles. Hrsg. vom Berliner Ensemble, Helene Weigel. Red.: Ruth Berlau [u. a.]. Dresden 1952.

5. Untersuchungen; Zeugnisse zur Theater- und Rezeptionsgeschichte

Andreotti, Mario: Traditionelles und modernes Drama. Eine Darstellung auf semiotisch-strukturaler Basis. Mit einer Enführung in die Textsemiotik. Bern/Stuttgart/Wien 1996. [Zu *Mutter Courage*: S. 226–231.]
Barthes, Roland: »Ich habe das Theater immer sehr geliebt, und dennoch gehe ich fast nie mehr hin«. Hrsg. von Jean-Loup Rivière. Aus dem Frz. von Dieter Hornig. Berlin 2001.
Bentley, Eric: The Brecht Commentaries 1943–1986. New York / London 1981. [Zu *Mutter Courage*: S. 97–101; 157–164.]

Berger, Manfred: Gedanken zum Begriff der Verfremdung in der Theaterauffassung Bertolt Brechts. (Dargestellt am Stück *Mutter Courage und ihre Kinder.*) Bernau: Hochschule der deutschen Gewerkschaften »Fritz Heckert«, 1964.

Bergstedt, Alfred: Das dialektische Darstellungsprinzip des »Nicht – Sondern« in Bertolt Brechts Stück *Mutter Courage und ihre Kinder.* In: Wissenschaftliche Zeitschrift der PH Potsdam. Gesellschafts- und sprachwissenschaftliche Reihe 9 (1965) S. 71–77.

Bertolt Brecht et le Berliner Ensemble à Paris. Photographien von Roger Pic, Texte von Chantal Meyer-Plantureux und Benno Besson. Paris 1995. [Zu *Mutter Courage*: S. 33–71.]

Bertolt Brechts Theaterarbeit am Berliner Ensemble. Ausstellung des Berlin Museums in Zusammenarbeit mit der Staats- und Stadtbibliothek Augsburg, 19. Januar – 26. Februar 1995, Augsburg, Zeughaus, Toskanische Säulenhalle. Ausstellung und Katalog: Lothar Schirmer mit Gertraude Kulas und Trude Trunk, Martina Weinland. Augsburg 1995.

Blau, Herbert: Brecht's *Mother Courage.* The Rite of War and the Rythm of Epic. In: Educational Theatre Journal 9 (March 1957) H. 1. S. 1–10.

Boeddinghaus, Walter: Bestie Mensch in Brechts *Mutter Courage.* In: Acta Germanica 2 (1968) S. 81–88.

Bohnen, Klaus: »… schrieb ich mein Stück für Skandinavien«. Eine historisch-kritische Ausgabe von *Mutter Courage* und ein auf deutsch unveröffentlichter Kommentar Brechts zu seinem Stück. In: Text und Kontext 9 (1981) H. 1. S. 145–156.

Brecht auf deutschen Bühnen. Bertolt Brechts dramatisches Werk auf dem Theater in der Bundesrepublik Deutschland. Brecht-Aufführungen in Frankfurt a. M. – Brecht-Aufführungen im »Theater am Schiffbauerdamm«, Berlin. – Brecht-Ausgaben und Brecht-Studien. Bad Godesberg 1968.

Brown, Russell E.: Becoming a Mother in Bertolt Brecht's Plays. In: R. E. B.: Intimacy and Intimidation. Three Essays on Bertolt Brecht. Stuttgart 1990. S. 11–78.

Bryant-Bertail, Sarah: Women, Space, Ideology: *Mutter Courage und ihre Kinder.* In: The Brecht Yearbook 12 (1983) S. 43–61.

Buck, Theo (Hrsg.): Zu Bertolt Brecht. Parabel und episches Theater. Stuttgart [2]1983. ([1]1979.)

Busch, Walter: Cäsarismuskritik und epische Historik. Zur Entwicklung der politischen Ästhetik Bertolt Brechts 1936–

1940. Frankfurt a. M. / Bern 1982. [Zu *Mutter Courage*: S. 251–261.]

Delabar, Walter / Döring, Jörg (Hrsg.): Bertolt Brecht (1898–1956). Berlin 1998.

Dessau, Paul: Notizen zu Noten. Hrsg. von Fritz Hennenberg. Leipzig 1974. [Zu *Mutter Courage*: S. 52–59.]

Driver Eddy, Beverly: Brecht in Dialogue with Karen Michaëlis. In: Brecht Unbound. Presented at the International Bertolt Brecht Symposium Held at the University of Delaware, February 1992. Hrsg. von James K. Lyon und Hans-Peter Breuer. Newark/London 1995. S. 241–251.

Dümling, Albrecht: Laßt euch nicht verführen. Brecht und die Musik. München 1985. [Zu *Mutter Courage*: S. 552–558.]

Dumazeau, Henri: *Mère Courage*, Brecht. Analyse critique. Paris 1972.

Ege, Friedrich: Warum schrieb Brecht die Rolle Kattrins – stumm? Über Anregungen und Besetzungspläne für *Mutter Courage* während der Niederschrift in Schweden. In: Theater-Mosaik 2 (1964) H. 7/8. S. 3 f.

Ekmann, Bjørn: Gesellschaft und Gewissen. Die sozialen und moralischen Anschauungen Bertolt Brechts und ihre Bedeutung für seine Dichtung. Kopenhagen 1969. [Zu *Mutter Courage*: S. 233–245.]

Engberg, Harald: Brecht auf Fünen. Exil in Dänemark 1933–1939. Aus dem Dän. von Heinz Kulas. Wuppertal 1974. [Dän. Orig.-Ausg.: Odense 1966.] [Zu *Mutter Courage*: S. 226–239.]

Engel, Erich: Aus der Arbeit des Regieseminars. In: E. E.: Schriften. Über Theater und Film. Zsstell. und Red.: Thea Lenk. Berlin [DDR] 1971. S. 144–157. [Zu *Mutter Courage*: S. 150 f.)

Esslin, Martin: Brecht. Das Paradox des politischen Dichters. Frankfurt a. M. / Bonn 1962. [Zu *Mutter Courage*: S. 312–316.]

Eversberg, Gerd: Erläuterungen zu Bertolt Brecht, *Mutter Courage und ihre Kinder*. Hollfeld (Ofr.) ^{8}1997. (^{1}1977.) (Königs Erläuterungen und Materialien. 318.)

Fenn, Bernard: Characterisation of Women in the Plays of Bertolt Brecht. Frankfurt a. M. / Bern 1982. [Zu *Mutter Courage*: S. 162–169, Anm. S. 226 f.]

Fradkin, Ilja: Bertolt Brecht. Weg und Methode. Aus dem Russ. übertr. von Oskar Törne. Leipzig 1974. [Russ. Orig.-Ausg.: Moskau 1965.] [Zu *Mutter Courage*: S. 205–212.]

François, Jena-Claude: *Mère Courage*, de Bertolt Brecht. In: Les Voies de la création théâtrale 2. Hrsg. von Denis Bablet. Paris 1970. S. 13–51.

Fuegi, John: The Essential Brecht. Los Angeles 1972. [Zu *Mutter Courage*: S. 81–97, Anm. S. 238–246.]

– Gespräch mit Richard Schechner über seine New Yorker Aufführung der *Mutter Courage*. Aufgezeichnet von John Fuegi. Aus dem Amerik. übersetzt von Jost Hermand. In: Brecht-Jahrbuch 1976. S. 166–176.

Gaede, Friedrich: Grimmelshausen, Brecht, Grass. Zur Tradition des literarischen Realismus in Deutschland. In: Simpliciana 1 (1979) S. 54–66.

Geißler, Rolf: *Mutter Courage und ihre Kinder. Eine Chronik aus dem 30jährigen Krieg*. In: Zur Interpretation des modernen Dramas. Brecht, Dürrenmatt, Frisch. Hrsg. von Rolf Geißler. Unter Mitarb. von Therese Poser und Wilhelm Ziskoven. Frankfurt a. M. [u. a.] o. J. [1960]. S. 24–39.

Gersch, Wolfgang: Film bei Brecht. Bertolt Brechts praktische und theoretische Auseinandersetzung mit dem Film. Berlin [DDR] 1975. [Zu *Mutter Courage*: S. 268–293.]

Grimm, Reinhold: A Couple of Notes on Two Brechtian Plays. *Leben des Galilei* and *Mutter Courage und ihre Kinder*. In: Walter Delabar / Jörg Döring (Hrsg.): Bertolt Brecht (1898–1956). Berlin 1998. S. 189–238.

– Pyramide und Karussell. In: R. G.: Strukturen. Essays zur deutschen Literatur. Göttingen 1963. S. 8–43. – Wiederabgedr. in: Beiträge zur Poetik des Dramas. Hrsg. von Werner Keller. Darmstadt 1976. S. 352–382.

Gutknecht, Günther / Krapp, Günter: Bertolt Brecht, *Mutter Courage und ihre Kinder*. Sekundarstufe I, Deutsch. [o. O.] 1997. [2 Teile: Lehrerhandbuch / Schülerarbeitsheft.]

Harry Buckwitz. Schauspieler, Regisseur, Intendant 1904–1987. Materialien zsgest. und bearb. von Renate Rätz. Mitarb.: Michael Gonszar. Hrsg. von der Stiftung Archiv der Akademie der Künste, Berlin. Berlin 1998. [Zu *Mutter Courage*: S. 167–174.]

Hartke, Rosemarie: Ästhetisches Wirkungspotential und wertorientierende Möglichkeiten der Theaterkunst. Zu wesentlichen Aspekten der Auseinandersetzung mit der Problematik Krieg – Frieden, dargestellt an einigen ausgewählten Inszenierungen des

Stückes *Mutter Courage und ihre Kinder* von Bertolt Brecht. Diss. Leipzig 1987.
Hartung, Günter: Brecht und Schiller. In: Wer war Brecht? Wandlung und Entwicklung der Ansichten über Brecht. Hrsg. von Werner Mittenzwei. Westberlin 1977. ([1]1966.) S. 337–360.
Haus, Heinz-Uwe: *Mutter Courage* in Weimar. Konzeption, Diskussion, Rezeption. In: Brecht-Jahrbuch 1978. S. 109–119.
Hebel, Franz: Bert Brecht im Deutschunterricht der Oberstufe. *Mutter Courage und ihre Kinder.* In: Pädagogische Provinz 11 (1957) H. 7/8. S. 372–381.
Hecht, Werner (Hrsg.): Alles was Brecht ist … Fakten – Kommentare – Meinungen – Bilder. Frankfurt a. M. 1997. [Zu *Mutter Courage*: S. 99–107. – Radiographie: S. 255–266; Videographie: S. 267–305.]
Hein, Edgar: Bertolt Brecht, *Mutter Courage und ihre Kinder.* Interpretation. München 1994. (Oldenbourg Interpretationen. 66.)
Hennenberg, Fritz: Dessau/Brecht, Musikalische Arbeiten. Berlin [DDR] 1963. [Zu *Mutter Courage*: S. 109–114.]
Hill, Claude: Bertolt Brecht. München 1978. [Zu *Mutter Courage*: S. 107–114.]
Hinck, Walter: Die Dramaturgie des späten Brecht. 6., durchges. Aufl. Göttingen 1977. ([1]1959.)
– Das moderne Drama in Deutschland. Vom expressionistischen zum dokumentarischen Theater. Göttingen 1973. [Zu Brecht: S. 100–115.]
– *Mutter Courage und ihre Kinder.* Ein kritisches Volksstück. In: Brechts Dramen. Neue Interpretationen. Hrsg. von Walter Hinderer. Stuttgart 1984. S. 162–177. – Überarb. in: Interpretationen. Brechts Dramen. Hrsg. von Walter Hinderer. Stuttgart 1995. S. 93–120.
Hinderer, Walter (Hrsg.): Brechts Dramen. Neue Interpretationen. Stuttgart 1984.
Hintze, Joachim: Volkstümliche Elemente im modernen deutschen Drama. Ein Beitrag zur Theorie und Praxis des Volkstücks im 20. Jahrhundert. In: Hessische Blätter für Volkskunde 61 (1971) S. 11–43. [Zu Brecht: S. 25–32.]
Holthusen, Hans Egon: Versuch über Brecht. In: H. E. H.: Kritisches Verstehen. Neue Aufsätze zur Literatur. München 1961. S. 7–137.
Horwich, Cara M.: Survival in *Simplicissimus* and *Mutter Courage*. New York [u. a.] 1997.

Hüfner, Agnes: Brecht in Frankreich. 1930–1963. Verbreitung, Aufnahme, Wirkung. Stuttgart 1968.

Jendreiek, Helmut: Bertolt Brecht. Drama der Veränderung. Düsseldorf 1969. [Zu *Mutter Courage*: S. 153–208, Anm. S. 377f.]

Kleber, Pia: Die Courage der Mütter. Am Beispiel von Bertolt Brecht. In: Verklärt, verkitscht, vergessen. Die Mutter als ästhetische Figur. Hrsg. von Renate Möhrmann. Stuttgart/Weimar 1996. S. 130–144.

Knight, Kenneth: *Simplicissimus* und *Mutter Courage*. In: Daphnis 5 (1976) S. 699–705.

Knopf, Jan: Bertolt Brecht. Stuttgart 2000. [Zu *Mutter Courage*: S. 156–162.]

– (Hrsg.): Brecht-Handbuch. In fünf Bänden. Bd. 1: Stücke. Stuttgart/Weimar 2001. [Zu *Mutter Courage* (von Ana Kugli): S. 383–401.]

– Brecht-Handbuch Theater. Eine Ästhetik der Widersprüche. Stuttgart 1980. [Zu *Mutter Courage*: S. 181–194.]

– »Der Friede – das Loch, wenn der Käs gefressen ist«. Der Dreißigjährige Krieg im Werk Bertolt Brechts. In: 1648 – Krieg und Frieden in Europa. Hrsg. von Klaus Bußmann und Heinz Schilling. [1 Ausstellungskatalog und 2 Textbände.] Textband II. Münster/Osnabrück 1998. S. 393–398.

Koller, Gerold: Der mitspielende Zuschauer. Theorie und Praxis im Schaffen Brechts. Zürich/München 1979. [Zu *Mutter Courage*: S. 35–45.]

Komar, Kathleen L.: Paradigm Change: The Female Paradigm in Brecht's *Mutter Courage und ihre Kinder* and Christa Wolf's *Kassandra*. In: Euphorion 82 (1988) H. 1. S. 116–126.

Leyko, Małgorzata: Der gewollte und der ungewollte Brecht. In: Polnisch-deutsche Theaterbeziehungen seit dem Zweiten Weltkrieg. Hrsg. von Hans-Peter Bayerdörfer in Verb. mit M. L. und Małgorzata Sugiera. Tübingen 1998. S. 61–76.

Lucchesi, Joachim / Shull, Ronald K.: Musik bei Brecht. Berlin [DDR] 1988. [Diskographie: S. 965–1002.]

Ludwig, Karl-Heinz: Bertolt Brecht: Tätigkeit und Rezeption von der Rückkehr aus dem Exil bis zur Gründung der DDR. Kronberg (Ts.) 1976. [Zu *Mutter Courage*: S. 43–53.]

Lupi, Sergio: Il dramma *Mutter Courage und ihre Kinder* di Bertolt Brecht. In: Studi Germanici 3 (1965) S. 39–89.

Luthardt, Theodor: Der Song als Schlüssel zur dramatischen

Grundkonzeption in Bertolt Brechts *Mutter Courage und ihre Kinder.* In: Wissenschaftliche Zeitschrift der Friedrich-Schiller-Universität Jena. Gesellschafts- und sprachwissenschaftliche Reihe 7 (1957/58) H. 1. S. 119–122.

Mayer, Hans: Anmerkung zu einer Szene. In: Theaterarbeit. 6 Aufführungen des Berliner Ensembles. Hrsg. vom Berliner Ensemble, Helene Weigel. Red.: Ruth Berlau [u. a.]. Dresden 1952. S. 249–253. – Wiederabgedr. in: Theo Buck (Hrsg.): Zu Bertolt Brecht. Parabel und episches Theater. Stuttgart [2]1983. ([1]1979.) S. 140–144. – Auch in: H. M.: Brecht. Frankfurt a. M. 1996. S. 370–377.

Mennemeier, Franz Norbert: Brecht, *Mutter Courage und ihre Kinder.* In: Das deutsche Drama. Vom Barock bis zur Gegenwart. Interpretationen. Hrsg. von Benno von Wiese. Bd. 2. Düsseldorf 1964. ([1]1958.) S. 386–405. – Wiederabgedr. in: Theo Buck (Hrsg.): Zu Bertolt Brecht. Parabel und episches Theater. Stuttgart [2]1983. ([1]1979.) S. 145–160.

Mieder, Wolfgang: »Der Mensch denkt: Gott lenkt – keine Red davon!« Sprichwörtliche Verfremdungen im Werk Bertolt Brechts. Bern [u. a.] 1998.

Milfull, John: From Baal to Keuner. The »Second Optimism« of Bertolt Brecht. Bern / Frankfurt a. M. 1974. [Zu *Mutter Courage*: S. 128–138.]

Mittenzwei, Werner: Der Realismus-Streit um Brecht. Grundriß zu einer Brecht-Rezeption der DDR 1945–1975. In: Wer war Brecht? Wandlung und Entwicklung der Ansichten über Brecht. Hrsg. von W. M. Westberlin 1977. ([1]1966.) S. 7–114. [Darin: »Die Kritikerschlacht um die *Mutter Courage*«. S. 26–34.]

Müller, Klaus-Detlef (Hrsg.): Bertolt Brecht. Epoche – Werk – Wirkung. Von Jörg-Wilhelm Joost, K.-D. M. und Michael Voges. München 1985. [Zu *Mutter Courage*: S. 280–284.]

– Die Funktion der Geschichte im Werk Bertolt Brechts. Studien zum Verhältnis von Marxismus und Ästhetik. 2., erw. Aufl. Tübingen 1972. ([1]1967.)

– Die große Kapitulation der kleinen Leute: Brechts *Mutter Courage und ihre Kinder.* In: Deutschlandforschung 8 (1999) S. 109–131.

Mutter Courage und ihre Kinder von Bertolt Brecht. Eine Dokumentation der Aufführung des Berliner Ensembles 1978. Hrsg. vom Brecht-Zentrum der DDR. Red.: Gert Hof. Berlin [DDR] 1981.

Neubauer, Martin: Bertolt Brecht, *Mutter Courage und ihre Kinder.* Inhalt, Hintergrund, Interpretation. München 1997. (Mentor Lektüre, Durchblick 326.)

Neureuter, Hans Peter: Brecht in Finnland. Studien zu Leben und Werk 1940–1941. 2 Tle. Habil. Regensburg 1987. [Masch.]

Niessen, Carl: Brecht auf der Bühne. Köln 1959. [Zu *Mutter Courage*: S. 28–34.]

Obermayer, August: Die dramaturgische Funktion der Lieder in Brechts *Mutter Courage und ihre Kinder.* In: Festschrift for E. W. Herd. Hrsg. von A. O. University of Otago, Dunedin 1980. S. 200–213.

Olsson Jan Esper: Bertolt Brechts schwedisches Exil. 3 Tle. Lizentiatenabhandlung. Tl. 1. Lund 1969. Tle. 2. und 3. Ebd. 1970. [Masch.]

– Brechts Arbeit mit vorgeformtem literarischem Material am Beispiel von *Mutter Courage und ihre Kinder.* In: Acta Universitatis Nicolai Copernici, Filologia Germańska (Thorn) 12 (1988) S. 37–47.

– Kontakte Brechts mit schwedischen Theatergruppen. In: Nerthus 3 (1972) S. 229–233.

– Mutter Courage auf der Bühne. Stockholm 1996.

Palitzsch, Peter: *Mutter Courage*, 20 Jahre danach. Arbeit an Brecht am Beispiel einer Aufführung. In: Theater heute 6 (1965) H. 1. S. 60–64.

Parmet, Simon: Die ursprüngliche Musik zu *Mutter Courage.* Meine Zusammenarbeit mit Brecht. Ins Dt. übers. von Friedrich Ege. In: Schweizerische Musikzeitung 97 (1957) H. 12. S. 465–468.

Payrhuber, Franz-Josef: Bertolt Brecht. Stuttgart 1995. [Zu *Mutter Courage*: S. 83–90.]

Pinkert, Ernst-Ullrich: Unter Brechts dänischem Strohdach: Walter Benjamin auf Fünen. In: Antifaschismus in deutscher und skandinavischer Literatur. Akten eines Literatursymposiums der DDR und Dänemarks. Hrsg. von Jens Peter Lund, in Zsarb. mit Leif Ludwig Albertsen und Jørgen Kjær. Aarhus 1983. S. 51–64.

Potter, Robert: Writing *Mother Courage.* In: Brecht 100 <=> 2000. The Brecht Yearbook 24. 1999. S. 15–23.

Reichert, Herbert W.: Hauptmann's Frau Wolff and Brecht's Mutter Courage. In: German Quarterly 34 (1961) H. 4. S. 439–448.

Reisinger, Alfred: Bertolt Brechts *Mutter Courage und ihre Kin-*

der. Ein Beitrag zur Erkenntnis der ästhetischen Struktur des literarischen Kunstwerks. Diss. Wien 1974. [Masch.]

Ritchie, Gisela F.: Der Dichter und die Frau. Literarische Frauengestalten durch 3 Jahrhunderte. Bonn 1989. [Zu *Mutter Courage*: S. 266–288.]

Rülicke, Käthe: Einfühlung oder Kritik? Eine Anmerkung zu *Mutter Courage und ihre Kinder.* In: Werner Hecht (Hrsg.): Materialien zu Brechts *Mutter Courage und ihre Kinder.* Frankfurt a. M. [7]1971. S. 129–135.

Sauer, Michael: Brecht in der Schule. Beiträge zu einer Rezeptionsgeschichte Brechts (1949–1980). Stuttgart 1984.

Sauerland, Karol: Es ging um den Raum (Der erste Besuch des Berliner Ensembles in Polen und seine Folgen.) In: Ein schwieriger Dialog. Polnisch-deutsch-österreichische Theaterkontakte nach 1945. Hrsg. von Małgorzata Sugiera. Krakau 2000. S. 277–287.

Sauter, Willmar: Brecht i Sverige. Stockholm 1978.

Schäfer, Walter: War der Weg über die Lieder ein Umweg? Bert Brecht: *Mutter Courage und ihre Kinder.* In: Wirkendes Wort 14 (1964) H. 6. S. 407–413.

Schenk, Ralf: Die gescheiterte Courage. Notizen zur Werkgeschichte eines großen Filmprojekts von Bertolt Brecht und Wolfgang Staudte. In: Film-Dienst 51 (1998) S. 5–7.

Schöne, Albrecht: Bertolt Brecht, Theatertheorie und dramatische Dichtung. In: Euphorion 52 (1958) H. 3. S. 272–296.

Schoeps, Karl-Heinz: Bertolt Brecht. New York 1977. [Zu *Mutter Courage*: S. 250–270.]

Siekmann, Andreas: Textanalysen. Bertolt Brecht, *Mutter Courage und ihre Kinder.* Stuttgart [u. a.] 2000.

Szyrocki, Marian: *Mutter Courage* jüdisch. In: Annäherung und Distanz. DDR-Literatur in der polnischen Literaturkritik. Hrsg. von Manfred Diersch und Hubert Orłowski. Halle/Leipzig 1983. S. 149–152.

Teixeira, Maria Antónia Gaspar: A recepção portuguesa de *Mutter Courage und ihre Kinder / Mãe Coragem e os Seus Filhos.* In: Do Pobre B. B. em Portugal. A Recepção dos Dramas *Mutter Courage und ihre Kinder* e *Leben des Galilei.* Hrsg. von Maria Manuela Gouveia Delille. Coimbra 1998. S. 17–105, 205–253, 295–305.

Thiele, Dieter: Bertolt Brecht: *Mutter Courage und ihre Kinder.*

Frankfurt a. M. [3]1992. ([1]1985.) (Grundlagen und Gedanken zum Verständnis des Dramas.)

Thole, Bernward: Die »Gesänge« in den Stücken Bertolt Brechts. Zur Geschichte und Ästhetik des Liedes im Drama. Göppingen 1973.

Thomson, Peter: Brecht. *Mother Courage and her Children.* With a Conclusion by Viv Gardner. Cambridge 1997.

Urban, Cerstin: Bertolt Brecht, *Mutter Courage und ihre Kinder.* Interpretationen und Materialien. Hollfeld (Ofr.) 2000 (Analysen und Reflexionen. 19.)

Völker, Klaus: Brecht-Kommentar zum dramatischen Werk. Mitarb.: Hans-Jürgen Pullem. München 1983. [Zu *Mutter Courage*: S. 197–202.]

Weiss, Norbert: Bauformen in Bertolt Brechts Chronik *Mutter Courage und ihre Kinder.* Analysen, Interpretationen und Unterrichtsentwürfe. Nordenham/Duisburg 1992.

Wekwerth, Manfred: Einige Änderungen in der Neueinstudierung der *Mutter Courage.* In: M. W.: Schriften. Arbeit mit Brecht. 2., durchges. und erw. Aufl. Berlin [DDR] 1975. ([1]1973.) S. 84–88 (Anm. 462 f.).

Wilkinson, Nick: *Mutter Courage* in Westafrika. Aus dem Engl. von Jost Hermand. In: Brecht-Jahrbuch 1974/75. S. 117–124.

Wirth, Andrzej: Über die stereometrische Struktur der Brechtschen Stücke. Übertr. von Alois Hermann und Joachim Tenschert. In: Sinn und Form 9 (1957) H. 1.–3. (2. Sonderheft Bertolt Brecht.) S. 346–387. [Zu *Mutter Courage*: S. 364–368.] – Wiederabgedr. u. d. T.: Die Funktion des Songs in *Mutter Courage und ihre Kinder.* In: Werner Hecht (Hrsg.): Materialien zu Brechts *Mutter Courage und ihre Kinder.* Frankfurt a. M. [7]1971. S. 156–161.]

Wölfel, Friedrich: Bertolt Brecht. Das Lied der Mutter Courage. In: Wege zum Gedicht. Bd. 2. Interpretationen von Balladen. Hrsg. von Rupert Hirschenauer und Albrecht Weber. München/Zürich 1963. S. 537–549.

Wüthrich, Werner: Bertolt Brechts Aufnahme in der Schweiz 1923–1969. Diss. Wien 1974. [Masch.] [Zu *Mutter Courage*: S. 139–173, 204–210, 333–335, 343–345.]

Wyss, Monika: Brecht in der Kritik. Rezensionen aller Brecht-Uraufführungen sowie ausgewählter deutsch- und fremdsprachiger Premieren. Eine Dokumentation, mit einführenden und verbindenden Texten von Helmut Kindler. München 1977. [Zu *Mutter Courage*: S. 203–219, 477 f., 481–483, 485 f.]

6. Zum historischen Hintergrund

Baumann, Reinhard: Landsknechte. Ihre Geschichte und Kultur vom späten Mittelalter bis zum Dreißigjährigen Krieg. München 1994.

Bedürftig, Friedemann: Taschenlexikon Dreißigjähriger Krieg. München/Zürich ²1999. (¹1998.)

Burkhardt, Johannes: Der Dreißigjährige Krieg. Frankfurt a. M. 1992.

Junkelmann, Marcus: Gustav Adolf (1594–1632). Schwedens Aufstieg zur Großmacht. Regensburg 1993.

Pflugk-Harttung, Julius von (Hrsg.): Die Entwicklung der Menschheit in Staat und Gesellschaft, in Kultur und Geistesleben. Bd. 4: Geschichte der Neuzeit: Das religiöse Zeitalter 1500–1650. Berlin 1907.

Popp, Wolfgang (Hrsg.): Dreißigjähriger Krieg. Lesebuch II. Literarische Texte von 1791 bis 1998. Münster 1999.

Wedgwood, C[icely] V[eronica]: Der Dreißigjährige Krieg. Bibliographische Note von Dieter Albrecht. München 1967. (Engl. Orig.-Ausg.: London 1938.)

1648 – Krieg und Frieden in Europa. Hrsg. von Klaus Bußmann und Heinz Schilling. [1 Ausstellungskatalog und 2 Textbände.] Münster/Osnabrück 1998.

7. Hilfsmittel

Die Bibel oder die ganze Heilige Schrift des Alten und des Neuen Testaments. Nach der deutschen Übersetzung Martin Luthers. Stuttgart 1967.

Duden. Zitate und Aussprüche. Bearbeitet von Werner Scholze-Stubenrecht. Unter Mitarb. von Maria Dose [u. a.]. Mannheim [u. a.] 1993 (Der Duden in zwölf Bänden. Bd. 12.)

Grimm, Jacob / Grimm, Wilhelm: Deutsches Wörterbuch. Bd. 1–16. Leipzig 1854–1971. [Zit. als: DWb.]

Klein, Johannes: Reclams Zitaten-Lexikon. Durchges. und erw. Ausg. Stuttgart 1993.

Küpper, Heinz: Illustriertes Lexikon der deutschen Umgangssprache. Bd. 1–8. Stuttgart 1982–84.

Röhrich, Lutz: Das große Lexikon der sprichwörtlichen Redensarten. Bd. 1–3. Freiburg i. Br. / Basel / Wien 1991–92.

Schwäbisches Wörterbuch. Bearbeitet von Hermann Fischer. Bd. 1–6.2. Tübingen 1904–36.

Wörterbuch zur deutschen Militärgeschichte. Bd. 1–2. Berlin [DDR] 1985.

Zürcher Bibel-Konkordanz. Vollständiges Wort-, Namen- und Zahlen-Verzeichnis zur Zürcher Bibelübersetzung, mit Einschluß der Apokryphen. Bearb. von Karl Huber und Hans Heinrich Schmid. Hrsg. vom Kirchenrat des Kantons Zürich. Bd. 1–3. Zürich 1969–73.

IX. Abbildungsnachweis

23 Jacques Callot: Das Lager. Radierung aus dem Zyklus »Misère de la guerre« (1635; »Der Schrecken des Krieges«). Ca. 54 × 115 mm. Aus: J. C.: Das gesamte Werk. [Bd. 2:] Druckgraphik. Einl.: Thomas Schröder. München: Rogner und Bernhard, 1971. S. 1321. – Mit Genehmigung der Rogner & Bernhard GmbH & Co. Verlags-KG, Hamburg.
Eine Reproduktion der Graphik befindet sich, mit dem schwedischen Bildtext »Lägerscen«, in den Mappen BBA 487/26 und 1989/13 gegenüber dem Anfang der 3. Szene des Stücks. Die Graphik wurde ausschnittweise in der DEFA-Verfilmung von 1960/61 (Regie: Peter Palitzsch / Manfred Wekwerth) vor der 4. Szene eingeblendet.

25 Yvette Pottier. Zeichnung zur 3. Szene von Bernhard Heisig. Ca. 267 × 178 mm. Aus: Bertolt Brecht: Mutter Courage und ihre Kinder. Eine Chronik aus dem Dreißigjährigen Krieg. Mit Zeichnungen von Bernhard Heisig. Leipzig: Institut für Buchgestaltung, 1965. S. 40. – © 2003 VG Bild-Kunst, Bonn.

34/35 »Die Händlerin hat zu lange gehandelt. Der stumme Schrei« (3. Szene). Helene Weigel als Mutter Courage und Erwin Geschonneck als Feldprediger in der Neueinstudierung des Berliner Ensembles (1951). Fotos: Hainer Hill. Aus: Theaterarbeit. 6 Aufführungen des Berliner Ensembles. Hrsg. vom Berliner Ensemble, Helene Weigel. Red.: Ruth Berlau [u. a.]. Dresden: VVV Dresdner Verlag, 1952. S. 265.
Zur Herkunft dieser Mimik vgl. *Couragemodell 1949*; GBA 25,203 f.

51 Kattrin trommelt. Zeichnung zur 11. Szene von Tadeusz Kulisiewicz. Ca. 237 × 165 mm. Aus: Bertolt Brecht: Mutter Courage und ihre Kinder. Eine Chronik aus dem Dreißigjährigen Krieg. Berlin/Weimar: Aufbau-Verlag, 1968. S. 147.

59 »Warum? Es ist ein Glaubenskrieg«. Lithographie von Bernhard Heisig (direkt auf den Stein gezeichnet). Ca. 220 × 150 mm. Aus: Bertolt Brecht: Mutter Courage und ihre Kinder. Eine Chronik aus dem Dreißigjährigen Krieg. Mit 35 Ill. von Bernhard Heisig. Hrsg. von Dieter Brusberg. Frankfurt a. M.: Insel-Verlag, 2001. S. 36. – © 2003 VG Bild-Kunst, Bonn.

107 Skizze des Wagens der Courage von Teo Otto. Aus: Theaterarbeit. 6 Aufführungen des Berliner Ensembles. Hrsg. vom Berliner Ensemble, Helene Weigel. Red.: Ruth Berlau [u. a.]. Dresden: VVV Dresdner Verlag, 1952. S. 283.

163 Jessica Früh als Kattrin in der Aufführung der *Mutter Courage* am Schauspielhaus Bochum 1981, Regie: Alfred Kirchner (11. Szene). Foto: Biber Happe. Aus: Jan Esper Olsson: Mutter Courage auf der Bühne. Stockholm [o. V.] 1996. – © Biber Happe, Köln.

Für vielseitige Unterstützung danke ich der Fakultätsbibliothek der Hochschule Østfold (Halden/Norwegen), dem Berliner Ensemble (Theater am Schiffbauerdamm), dem Deutschen Volksliedarchiv (Freiburg i. Br.), dem Verlag Henschel Schauspiel (Berlin) und dem Stadtarchiv Zürich sowie dem Bertolt-Brecht-Archiv (BBA), dem Ruth-Berlau-Archiv und dem Helene-Weigel-Archiv in der Stiftung Archiv der Akademie der Künste, Archivabteilung Literatur, Berlin, und der Schwedischen Nationalbibliothek Stockholm (Kungliga Biblioteket Stockholm).

Die Arbeit am vorliegenden Band wurde durch ein Stipendium von Det faglitterære fond (Oslo) gefördert. Auch dafür möchte ich mich herzlich bedanken.

P. L.